中間・期末の攻略本

5分間攻略ブック

教育出版版

国語
1年

教科書の漢字をすべて出題

国語の重要ポイント総まとめ
＜文法・古典など＞

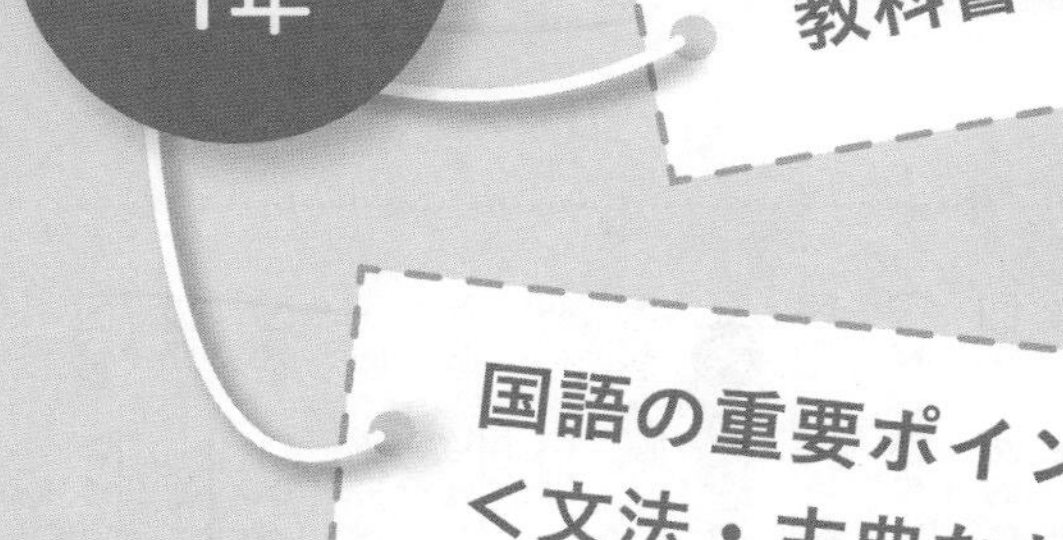

テスト前に最後のチェック！
休み時間にも使えるよ♪

「5分間攻略ブック」は取りはずして使用できます。

★は新出漢字の教科書本文外の読み方です。

漢字の練習1

☐① 平仮名の成り立ちを調べる。
☐② トウトイ命を大切にする。
☐③ タットイ教えを受ける。
☐④ 次期社長に彼《かれ》をオス。
☐⑤ 新しい案をタメス。
☐⑥ アヤウク失敗するところだった。
☐⑦ 英語とフランス語をアヤツル。
☐⑧ 正月に親族がツドウ。
☐⑨ 計画を胸にヒメル。
☐⑩ ワザワイの原因を調べる。
☐⑪ ポケットのコゼニを探す。
☐⑫ 桜のソノを訪ねる。
☐⑬ サチ多かれと願う。
☐⑭ 史実にモトヅク長編小説。
☐⑮ 完全試合の達成は至難のワザだ。
☐⑯ この作品は一見にアタイする。
☐⑰ スミヤカに移動する。
☐⑱ 日本酒のクラモトを取材する。
☐⑲ 弟《て》子《し》にワザを教えこむ。
☐⑳ ムナグルシサが強くなる。
☐㉑ イッセイにスタートを切る。
☐㉒ びっくりしてフリムク。
☐㉓ 海上のコトウを探検する。
☐㉔ ジビカに通院する。
☐㉕ イッチョウイッセキでは無理だ。
☐㉖ ボシュンの空を見上げる。

教 p.29

①ひらがな ②貴い〈尊い〉 ③貴い〈尊い〉 ④推す ⑤試す ⑥危うく ⑦操る ⑧集う ⑨秘める ⑩災い ⑪小銭 ⑫園 ⑬幸 ⑭基づく ⑮業 ⑯値 ⑰速やか ⑱蔵元 ⑲技 ⑳胸苦しさ ㉑一斉 ㉒振り向く ㉓孤島 ㉔耳鼻科 ㉕一朝一夕 ㉖暮春

自分の脳を知っていますか

☐① 兄から奇《き》ミョウな話を聞いた。
☐② 悪いクセを直す。
☐③ 両者をヒカクする。
☐④ 一流品をエラビヌク。
☐⑤ 苦境にオチイル。
☐⑥ タガイに意見を述べ合う。
☐⑦★ 金銭に関してケッペキな人。
☐⑧★ 商品のケッカンを指《し》摘《てき》する。

教 p.34~p.40

①妙 ②癖 ③比較 ④選び抜く ⑤陥る ⑥互い ⑦潔癖 ⑧欠陥

漢字の広場1　漢字の部首

☐① 性格のチガイがはっきりする。
☐② 人をブ辱《じょく》するのは許さない。
☐③ 決死のカクゴで相手に向かう。

教 p.44~p.45

①違い ②侮 ③覚悟

☑④ ソボクな味のクッキーだ。
☑⑤ いねのカリイレをする。
☑⑥ ガクカンセツに痛みがある。
☑⑦ チッソの性質を調べる。
☑⑧ 夏草が繁《はん》モする。
☑⑨ ジュウジツした生活を送る。
☑⑩ 自転車のトウナンを届け出る。
☑⑪ オンネンを晴らす。
☑⑫ タイヘイの世の中。
☑⑬ 九分九リン，まちがいない。
☑⑭ 姉は愚《ぐ》チばかりこぼす。
☑⑮ 河口一帯のセンジョウチ。
☑⑯ 投獄《とうごく》され，シュウジンとなる。
☑⑰ シイ的な判断は許されない。
☑⑱ コウワンにある施設《しせつ》。
☑⑲ 第一子のニンシンを喜ぶ。
☑⑳ 十分にスイミンをとる。
☑㉑ シンシツの明かりを消す。
☑㉒ 特別賞でヒョウショウされる。
☑㉓ ガンコな父を説得する。

④素朴
⑤刈り入れ
⑥顎関節
⑦窒素
⑧茂
⑨充実
⑩盗難
⑪怨念
⑫泰平〈太平〉
⑬厘
⑭痴
⑮扇状地
⑯囚人
⑰恣（恣）意
⑱港湾
⑲妊娠
⑳睡眠
㉑寝室
㉒表彰
㉓頑固

☑㉔ 予防接種でメンエキができる。
☑㉕ これたテレビをハイキする。
☑㉖ トクメイの投書を出す。
☑㉗ 数字をラレツする。
☑㉘ 学校のシキチ。
☑㉙ 姉は，学年一のサイエンだ。
☑㉚★ 庭の草木がシゲル。
☑㉛★ 人の話をヌスミギキする。
☑㉜★ 朝はいつもネムイ。

㉔免疫
㉕廃棄
㉖匿名
㉗羅列
㉘敷地
㉙才媛
㉚茂る
㉛盗み聞き
㉜眠い

ベンチ

教 p.52~p.61

☑① ボクは，中学一年生だ。
☑② ガマンができない暑さだ。
☑③ ワが家では犬を飼っている。
☑④ コウガイの一戸建てに住む。
☑⑤ 梅の花のニオイ。
☑⑥ ツマサキで立つ。
☑⑦ トツゼン，雨が降り出した。
☑⑧ カノジョは，私の親友だ。
☑⑨ 重いかばんを両手にサゲル。
☑⑩ アミでセミをとる。

①僕
②我慢
③我
④郊外
⑤匂い
⑥爪先
⑦突然
⑧彼女
⑨提げる
⑩網

新出漢字

★は新出漢字の教科書本文外の読み方です。

- ⑪ フクロに野菜を入れる。
- ⑫ 山頂から遠くをナガメル。
- ⑬ 新しいノートがホシイ。
- ⑭ くぎに引っかけて服がサケル。
- ⑮ 妹は毎日ヨウチエンに通う。
- ⑯ 田舎の生活を楽しむ。
- ⑰ 大きなナベを洗う。
- ⑱ 電池のコウカンをする。
- ⑲ 母がゲンカンの掃除《そうじ》をする。
- ⑳ 校門で先生にアイサツする。
- ㉑ 返答に困ってダマル。
- ㉒ 赤ちゃんを乗せた乳母車。
- ㉓ 呼び出しボタンをオス。
- ㉔ 人前で歌うのがハズカシイ。
- ㉕ ベンチにコシを下ろす。
- ㉖ 転んでヒザをすりむく。
- ㉗ 学級新聞に記事をノセル。
- ㉘ オソロシイ夢を見た。
- ㉙ 急なことで気がテントウする。
- ㉚ 長いキュウカを取る。

⑪袋　⑫眺める　⑬欲しい　⑭裂ける　⑮幼稚園　⑯いなか　⑰鍋　⑱交換　⑲玄関　⑳挨拶　㉑黙る　㉒うばぐるま　㉓押す　㉔恥ずかしい　㉕腰　㉖膝　㉗載せる　㉘恐ろしい　㉙転倒　㉚休暇

- ㉛ 母がむすこをシカル。
- ㉜★ 組織がブンレツする。
- ㉝★ 雑誌に小説をレンサイする。
- ㉞★ キョウ怖《ふ》で言葉を失う。
- ㉟★ ヒマをもてあます。

漢字の広場2　画数と活字の字体　教 p.68~p.69

- ① 総画サクインを利用する。
- ② 集合時間をカクニンする。
- ③ ジミ深い料理を食す。
- ④ 商品の生産をヨクセイする。
- ⑤ 犯人のタイ捕《ほ》に協力する。
- ⑥ 古代のリョウボを調査する。
- ⑦ 戸のスキマから光が入る。
- ⑧ シュリョウが禁止されている山。
- ⑨ リョウシがイノシシを仕留める。
- ⑩ 七五三に神社にモウデル。
- ⑪ チクサン業がさかんだ。
- ⑫ 切り立ったダンガイが見える。
- ⑬ 祖父のユイゴンを守る。
- ⑭ 水族館でウミガメを見る。

㉛叱（𠮟）る　㉜分裂　㉝連載　㉞恐　㉟暇

①索引　②確認　③滋味　④抑制　⑤逮　⑥陵墓　⑦隙間　⑧狩猟　⑨猟師　⑩詣でる　⑪畜産　⑫断崖　⑬遺言　⑭海亀

- ⑮ サケは川でサンランする。
- ⑯ 庭の柿《かき》がよくウレル。
- ⑰ 説明を聞いてナットクする。
- ⑱ お金の出《すい》トウを確認する。
- ⑲ 兄弟がスコヤカに育つ。
- ⑳ ロウカを走ると危険だ。
- ㉑ 部屋をソウジする。
- ㉒ 明日は祖父のイッシュウキだ。
- ㉓ キンゴウキンザイから客が来る。
- ㉔ ヒガタでカニを見つける。
- ㉕ 空きビンを利用する。
- ㉖ ショクタクに花をかざる。
- ㉗ 心の中でカットウする。
- ㉘ ケイヒン工業地帯の中心部。
- ㉙★ 校庭の落ち葉をハク。
- ㉚★ ハマベに波が打ち寄せる。

⑮産卵　⑯熟れる　⑰納得　⑱納　⑲健やか　⑳廊下　㉑掃除　㉒一周忌　㉓近郷近在　㉔干潟　㉕瓶　㉖食卓　㉗葛（葛）藤　㉘京浜　㉙掃く　㉚浜辺

森には魔法《まほう》つかいがいる

教 p.88~p.97

- ① マホウつかいの物語。
- ② 島には静かなイリエがある。
- ③ 車がドロミズをはね上げる。

①魔法　②入り江　③泥水

- ④ 砂のリュウシがまい上がる。
- ⑤ カイ滅《めつ》的な被害《ひがい》から復興する。
- ⑥★ オオツブの雨が降る。

④粒子　⑤壊　⑥大粒

漢字の練習2

教 p.107

- ① 彼は僕の一年センパイだ。
- ② 長い年月をツイヤス。
- ③ ホンダナの整理をする。
- ④ 危険をトモナウ仕事。
- ⑤ マンガカとしてデビューする。
- ⑥ 宇宙のナゾを解き明かす。
- ⑦ ショミンの声に耳をかたむける。
- ⑧ アジアに生息するトラ。
- ⑨ コウキョウガクのコンサート。
- ⑩ 門のトビラはとざされている。
- ⑪ フツウレッシャの時刻表。
- ⑫ いねのホに実が付く。
- ⑬ 仕事のホウシュウを得る。
- ⑭ 声を限りにサケブ。
- ⑮ 事情を全て把《は》アクする。
- ⑯ 忘れ物をしてアワテル。

①先輩　②費やす　③本棚　④伴う　⑤漫画家　⑥謎（謎）　⑦庶民　⑧虎　⑨交響楽　⑩扉　⑪普通列車　⑫穂　⑬報酬　⑭叫ぶ　⑮握　⑯慌てる

★は新出漢字の教科書本文外の読み方です。

- □⑰ くわしいチュウシャクを加える。　⑰注釈
- □⑱ 五月晴れの青空。　⑱さつき
- □⑲ 住み慣れた家を立ち退く。　⑲たちのく
- □⑳ 大和言葉で書き表す。　⑳やまと
- □㉑★ 会場に歌声がヒビク。　㉑響く
- □㉒★ 群衆のゼッキョウが聞こえる。　㉒絶叫

物語の始まり——竹取《たけとり》物語——　教 p.114~p.121

- □① かぐやヒメが主人公の物語。　①姫
- □② 桜のさくコロに入学する。　②頃
- □③ 王子にキュウコンされる。　③求婚
- □④ 「タツの首の玉」を持ってくる。　④竜
- □⑤ 教室にはダレもいなかった。　⑤誰
- □⑥ 妹を幼稚園までムカエに行く。　⑥迎え
- □⑦ テストでミスをオカス。　⑦犯す
- □⑧ 天《あま》のハゴロモをまとう。　⑧羽衣
- □⑨ 必要な道具をワタス。　⑨渡す
- □⑩ 結果を聞いてラクタンする。　⑩落胆
- □⑪★ ヨーロッパにトコウする。　⑪渡航

故事成語——中国の名言——　教 p.122~p.126

- □① その説明はムジュンだらけだ。　①矛盾
- □② ばらのとげはスルドイ。　②鋭い
- □③ 動物園のサルの親子。　③猿
- □④ 計画が竜頭蛇《だ》ビとなる。　④尾
- □⑤ 花のナエを庭に植える。　⑤苗
- □⑥ 一日中歩いてツカレル。　⑥疲れる
- □⑦ 息子とキャッチボールをする。　⑦むすこ
- □⑧ 暑さで街路樹がカレル。　⑧枯れる
- □⑨★ あの二人はケンエンの仲だ。　⑨犬猿
- □⑩★ 山のオネを歩く。　⑩尾根

蜘《く》蛛《も》の糸　教 p.128~p.137

- □① ゴクラクをえがいた絵画。　①極楽
- □② 権力の頂点をキワメル。　②極める
- □③ きれいな花がサク。　③咲く
- □④ 落ち葉が地面をオオウ。　④覆う
- □⑤ 天国とジゴクを想像する。　⑤地獄
- □⑥ スイショウを使ってうらなう。　⑥水晶
- □⑦ 湖の水がスキトオル。　⑦透き通る
- □⑧ 友達とイッショに出かける。　⑧一緒
- □⑨ 虫をイッピキつかまえる。　⑨一匹
- □⑩ ミチバタに生える草。　⑩道端

□⑪ うっかり、虫をフミコロス。
□⑫ 悪行のムクイを受ける。
□⑬ 油が水面にウク。
□⑭ 真っ赤な夕日がシズム。
□⑮ クラヤミから声が聞こえる。
□⑯ イッショウケンメイに走る。
□⑰ 坂のチュウトでひと休みする。
□⑱ 木のかげにカクレル。
□⑲ 大きな音にオドロク。
□⑳ この本は一読にタエル。
□㉑ カンジンな用件を忘れる。
□㉒ ムジヒな行為《こうい》にいきどおる。
□㉓ 過去の罪に対してバツを受ける。
□㉔ 食べ物にはトンチャクしない。
□㉕★ プロにヒッテキするほどの実力。
□㉖★ 新しい案がフジョウする。
□㉗★ 彼はいつもチンチャクレイセイだ。
□㉘★ 高額賞金がカカル大会。
□㉙★ キョウイ的な記録が出る。
□㉚★ あわや転倒かとキモを冷やす。

⑪踏み殺す
⑫報い
⑬浮く
⑭沈む
⑮暗闇
⑯一生懸命
⑰中途
⑱隠れる
⑲驚く
⑳堪える
㉑肝腎〈肝心〉
㉒無慈悲
㉓罰
㉔頓着
㉕匹敵
㉖浮上
㉗沈着冷静
㉘懸かる
㉙驚異
㉚肝

漢字の練習3

教 p.138

□① カンコクへ旅行に行く。
□② マスメの中に漢字を書く。
□③ トンデンヘイの歴史を学ぶ。
□④ 大盛りのギュウドンを食べる。
□⑤ ネコにえさをやる。
□⑥ アネッタイチホウの植物。
□⑦ ハナハダ残念な出来事だ。
□⑧ 開発で町の景観がヘンボウした。
□⑨ 赤マタは黒の箱を選ぶ。
□⑩ 卒業証書をジュヨされる。
□⑪ レイチョウルイの研究者。
□⑫ その案はヘイボンな発想だ。
□⑬ ショサイで本を読む。
□⑭ 話のショウテンをしぼる。
□⑮ あらすじをトラエル。
□⑯ 五月雨の季節。
□⑰ 三味線の音色。
□⑱ 梅雨が長引く。
□⑲ よく晴れたさわやかな日和だ。

①韓国
②升目
③屯田兵
④牛丼
⑤猫
⑥亜熱帯地方
⑦甚だ
⑧変貌
⑨又
⑩授与
⑪霊長類
⑫平凡
⑬書斎
⑭焦点
⑮捉える
⑯さみだれ
⑰しゃみせん
⑱つゆ〈ばいう〉
⑲ひより

★は新出漢字の教科書本文外の読み方です。

- ⑳★ 魚の表面にコゲメをつける。

河童《かっぱ》と蛙《かえる》

- ① 楽器の演奏に合わせてオドル。
- ② 家の近くにヌマがある。
- ③ やかんのお湯がワク。
- ④ ナガウタの稽古《けいこ》に通う。
- ⑤ アワのように消えてなくなる。
- ⑥★ 今までの苦労がスイホウに帰す。

オツベルと象

- ① イネこき機械を操作する。
- ② しっかりと土台にスエつける。
- ③ 昔のヒャクショウの生活。
- ④ サバクを旅する。
- ⑤ 白いケムリが立ち上る。
- ⑥ ウスグライ森の中を歩く。
- ⑦ パイプのフキ殻《がら》が落ちる。
- ⑧ ガンジョウな造りの家。
- ⑨ ゾウキンで机を拭《ふ》く。
- ⑩ ミナで声をそろえて歌う。
- ⑪ ユカをきれいにみがく。

⑳焦げ目

教 p.142~p.145

①踊る
②沼
③沸く
④長唄
⑤泡
⑥水泡

教 p.148~p.164

①稲
②据え
③百姓
④砂漠
⑤煙
⑥薄暗い
⑦吹き
⑧頑丈
⑨雑巾
⑩皆
⑪床

- ⑫ 目が回るほどイソガシイ。
- ⑬ 森のオクに向かって進む。
- ⑭ タイクツな毎日を過ごす。
- ⑮ イセイよく飛び出した。
- ⑯ 道をナナメに横切る。
- ⑰ ライオンがキバをむく。
- ⑱ 新しい商売で大金をカセグ。
- ⑲ エライ人の話を聞く。
- ⑳ 犬をクサリにつなぐ。
- ㉑ 大きめのクツを買う。
- ㉒ スリッパをハク。
- ㉓ かべに鏡をはめコム。
- ㉔ 水をナンバイもくむ。
- ㉕ わらを十パずつ束ねる。
- ㉖ 今日はユカイなことがあった。
- ㉗ 暖炉《だんろ》にタキギをくべる。
- ㉘ 鍛冶場で鉄を打つ。
- ㉙ 空いている席にスワル。
- ㉚ 鳥の群れをアオギミル。
- ㉛ 私には意気地がない。

⑫忙しい
⑬奥
⑭退屈
⑮威勢
⑯斜め
⑰牙（牙）
⑱稼ぐ
⑲偉い
⑳鎖
㉑靴
㉒履く
㉓込む
㉔何杯
㉕把
㉖愉快
㉗薪
㉘かじば
㉙座る
㉚仰ぎ見る
㉛いくじ

㉜ サッソク仕事に取りかかる。
㉝ 将棋《しょうぎ》よりゴのほうが得意だ。
㉞ まるでアラシの前の静けさだ。
㉟ 山のフンカに備える。
㊱ 夏のサカリに海で泳ぐ。
㊲ ローマ帝国のサイセイキ。
㊳ ロープを柱にシバル。
㊴ 食事のシタクができる。
㊵ 行くタビに新たな発見をする。
㊶ 仲間をハゲマス。
㊷ 事件のマキゾエを食う。
㊸ 間違い探しにヤッキになる。
㊹ 行く先々でサワギを起こす。
㊺ 妹はヤサシイ性格だ。
㊻ 彼は方向感覚にスグレル。
㊼ 液体を小さい容器に詰《つ》めカエル。
㊽ 運動してヤセル。
㊾★ スイソウガクの発表会。
㊿★ 毎朝六時にキショウする。
51★ タボウな毎日を送っている。

㉜ 早速
㉝ 碁
㉞ 嵐
㉟ 噴火
㊱ 盛り
㊲ 最盛期
㊳ 縛る
㊴ 支度〈仕度〉
㊵ 度
㊶ 励ます
㊷ 巻き添え
㊸ 躍起
㊹ 騒ぎ
㊺ 優しい
㊻ 優れる
㊼ 替える
㊽ 痩せる
㊾ 吹奏楽
㊿ 起床
51 多忙

52★ 山のシャメンを登っていく。
53★ 江戸幕府のサコク政策。
54★ 額からあせがフキダス。
55★ 食品のテンカブツを調べる。
56★ 昼夜コウタイで勤務する。

52 斜面
53 鎖国
54 噴き出す〈吹き出す〉
55 添加物
56 交替

漢字の練習4

教 p.168

① 被災者《ひさいしゃ》をツイトウする。
② カが飛んでくる。
③ 墓前でセンコウに火をつける。
④ 蚕のマユから絹糸を作る。
⑤ ジュンスイな気持ちを表す。
⑥ 鳥がツバサを広げる。
⑦ 夏はシガイセンが強い。
⑧ 自分で光るほしがコウセイだ。
⑨ ハチミツを紅茶に入れる。
⑩ トウキの皿を使う。
⑪ 折り紙でセンバヅルを折る。
⑫ 家の間取りをクフウする。
⑬ 地下室にユウヘイされる。
⑭ ゴールはまだホドトオイ。

① 追悼
② 蚊
③ 線香
④ 繭
⑤ 純粋
⑥ 翼
⑦ 紫外線
⑧ 恒星
⑨ 蜂蜜
⑩ 陶器
⑪ 千羽鶴
⑫ 工夫
⑬ 幽閉
⑭ 程遠い

★は新出漢字の教科書本文外の読み方です。

- ☑⑮ 新生活のカドデを祝う。　⑮門出
- ☑⑯ 笑うかどには福キタル。　⑯来る
- ☑⑰ コンチュウ図鑑《ずかん》を見る。　⑰昆虫
- ☑⑱ 新作をみんなにヒロウする。　⑱披露
- ☑⑲ ウネを作って種をまく。　⑲畝
- ☑⑳ 足首のネンザで通院する。　⑳捻挫
- ☑㉑★ 飛行機のリョウヨクを目視する。　㉑両翼
- ☑㉒★ ヨウホウ業を営む。　㉒養蜂

子どもの権利　教 p.172~p.177

- ☑① ギャクタイを取り締《し》まる。　①虐待
- ☑② 相手チームから得点をウバウ。　②奪う
- ☑③ 子どもをフクム人数を答える。　③含む
- ☑④★ 金属のガンユウ量を調べる。　④含有

漢字の広場３　漢字の音と訓　教 p.182~p.183

- ☑① キクの花で作った人形。　①菊
- ☑② トウゲの茶屋でひと休みする。　②峠
- ☑③ ジャグチから勢いよく水が出る。　③蛇口
- ☑④ 兄はホハバが広い。　④歩幅
- ☑⑤ いろいろなメイ柄《がら》のお菓子《かし》。　⑤銘
- ☑⑥ コモンの着物を手にとる。　⑥小紋
- ☑⑦ ワキヤクの演技が素晴《すば》らしい。　⑦脇役
- ☑⑧ スギの花粉が多く飛んでいる。　⑧杉
- ☑⑨ 庭のカタスミに花を植える。　⑨片隅
- ☑⑩ カゲエで遊ぶ。　⑩影絵
- ☑⑪ きれいなスズを財布《さいふ》につける。　⑪鈴
- ☑⑫ 父の趣味《しゅみ》はボンサイだ。　⑫盆栽
- ☑⑬ 近くにヨウトン場がある。　⑬養豚
- ☑⑭ ドンテンの日は気分が晴れない。　⑭曇天
- ☑⑮ アイマイなところを明らかにする。　⑮曖昧
- ☑⑯ ヤッ介《かい》なことをたのまれる。　⑯厄
- ☑⑰ 門のジョウマエを新しくする。　⑰錠前
- ☑⑱ 正月にゾウニを作る。　⑱雑煮
- ☑⑲ ケンダマの名人に教わる。　⑲剣玉
- ☑⑳ 鉄製のチャガマで湯を沸かす。　⑳茶釜
- ☑㉑ タンカーがエンジョウする。　㉑炎上
- ☑㉒ 犯人のトウソウ経路を調べる。　㉒逃走
- ☑㉓ タキグチから山頂まで一時間だ。　㉓滝口
- ☑㉔ 村のロウオウの言うことに従う。　㉔老翁
- ☑㉕ カハンの宿にとまる。　㉕河畔
- ☑㉖ ホクトシチセイが見える。　㉖北斗七星

☐㉗ キュウシは上下に十本ずつある。
☐㉘ ヨクヨウをつけて読む。
☐㉙★ 天候のエイキョウを受ける。
☐㉚★ クモリ空を見上げる。
☐㉛★ 絶好の機会をノガス。
☐㉜★ 大空にたこがアガル。

㉗臼歯　㉘抑揚　㉙影響　㉚曇り　㉛逃す　㉜揚がる

漢字の練習5

教 p.185

☐① ジュウナンな発想が大切だ。
☐② ゲカの医師を目指す。
☐③ フンゼンとして退出する。
☐④ 日本画の最高ケッサク。
☐⑤ 事業のキバンを築く。
☐⑥ 生物にヒッスの栄養素。
☐⑦ 実験結果をブンセキする。
☐⑧ カカンに挑戦《ちょうせん》する。
☐⑨ ドシャを取り除く工事。
☐⑩ 助言にイッサイ従わない。
☐⑪ セイヒンな生活を送る。
☐⑫ パーティーをシュサイする。
☐⑬ 研究者にとってヒッケイの書。

①柔軟　②外科　③憤然　④傑作　⑤基盤　⑥必須　⑦分析　⑧果敢　⑨土砂　⑩一切　⑪清貧　⑫主催　⑬必携

☐⑭ 大名がジョウカクをめぐらせる。
☐⑮ ツウコンのミスを犯す。
☐⑯ 政策のタイコウを発表する。
☐⑰ セマイ家だがここちよい。
☐⑱ シンラツな意見を述べる。
☐⑲ ヒヨクな土地にめぐまれる。
☐⑳ 毎日の疲れがルイセキする。
☐㉑ 事態がチンセイ化する。
☐㉒ ダキョウは許されない。
☐㉓ 各国のサイショウと会談する。
☐㉔ ごブサタしております。
☐㉕ ヒユを使って表現する。
☐㉖ ゲンガク四重奏のための作品。
☐㉗ ビボウ録をつける。
☐㉘★ ヤワラカイ毛布。
☐㉙★ カライカレーが好きだ。

⑭城郭　⑮痛恨　⑯大綱　⑰狭い　⑱辛辣　⑲肥沃　⑳累積　㉑鎮静　㉒妥協　㉓宰相　㉔無沙汰　㉕比喩（喻）　㉖弦楽　㉗備忘　㉘柔らかい　㉙辛い

言葉がつなぐ世界遺産

教 p.202~p.211

☐① 日光東照《とうしょう》グウを見学する。
☐② 家具にソウショクをほどこす。
☐③ ゴウカな家を建てる。

①宮　②装飾　③豪華

★は新出漢字の教科書本文外の読み方です。

□④ マンションがミトウ建つ。
□⑤ 神社のケイダイに入る。
□⑥ 質問に口をトザス。
□⑦ シゼンカンキョウを維持《いじ》する。
□⑧ シッケが多くて暑苦しい。
□⑨ 美しいチョウコクの作品。
□⑩ 色アザヤカな花が咲く。
□⑪ ウルシの木の樹液を採る。
□⑫ ペンキがハクラクしたかべ。
□⑬ 応募《おうぼ》作品のシンサをする。
□⑭ 日常生活を小説にエガク。
□⑮ ハクリョクに満ちた作品。
□⑯ ビミョウな色の変化に気付く。
□⑰ テイ寧《ねい》に指導する。
□⑱ ゴジュウノトウの写真をとる。
□⑲ ツバメがノキシタに巣を作る。
□⑳ 夕空がシュに染まる。
□㉑ コイ味つけの料理。
□㉒ つぶらなヒトミの女の子。
□㉓ きれいな色のペンキをヌル。

④棟
⑤境内
⑥閉ざす
⑦自然環境
⑧湿気
⑨彫刻
⑩鮮やか
⑪漆
⑫剝（剥）落
⑬審査
⑭描く
⑮迫力
⑯微妙
⑰丁
⑱五重塔〈五重の塔〉
⑲軒下
⑳朱
㉑濃い
㉒瞳
㉓塗る

□㉔ 兄はとてもタヨリになる。
□㉕ 青でサイシキをしたうつわ。
□㉖ 事件のショウサイを発表する。
□㉗ センサイな心をもつ。
□㉘ デシとして修業《しゅぎょう》する。
□㉙ ハダを清潔に保つ。
□㉚ 親方とシテイの関係を築く。
□㉛ 久しぶりに母校をオトズレル。
□㉜★ 校舎とベツムネにある部室。
□㉝★ シンセンな野菜。
□㉞★ 値札をハガス。
□㉟★ 宿題の提出期限がセマル。
□㊱★ 遠くにイッケンヤが見える。
□㊲★ 水溶液のノウドを調べる。
□㊳★ 青いトリョウで屋根を修理する。

㉔頼り
㉕彩色
㉖詳細
㉗繊細
㉘弟子
㉙肌
㉚師弟
㉛訪れる
㉜別棟
㉝新鮮
㉞剝（剥）がす
㉟迫る
㊱一軒家
㊲濃度
㊳塗料

漢字の広場4　熟語の構成　教 p.230~p.231

□① 稲妻が光りライメイがとどろく。
□② 北アルプスのメイホウに登る。
□③ 鳥取県のサキュウは有名だ。
□④ ブタイで主役を演じる。

①雷鳴
②名峰
③砂丘
④舞台

☐⑤ ワンリョクが強い。
☐⑥ 新製品をシュッカする。
☐⑦ キギョウが海外に進出する。
☐⑧ 大きなハクシュが沸き起こる。
☐⑨ 二つの制度がヘイリツする。
☐⑩ サンガク地帯を歩く。
☐⑪ 間違いをテイセイする。
☐⑫ 頂上からのソウダイな眺め。
☐⑬ 動物をカイボウする。
☐⑭ ドウクツを調査する。
☐⑮ このやり方のゼヒを問う。
☐⑯ 経済成長の勢いがドンカする。
☐⑰ カフクはあざなえる縄のごとし。
☐⑱ 天井《てんじょう》からロウスイする。
☐⑲ 作文をテンサクする。
☐⑳ 物体のゴウセイや強度を調べる。
☐㉑ 明日はテストなのでユウウツだ。
☐㉒ 平安セントはセ九四年だ。
☐㉓ ユシのよごれは落ちにくい。
☐㉔ シュウレイな富士《ふじ》の山。

⑤腕力
⑥出荷
⑦企業
⑧拍手
⑨並立
⑩山岳
⑪訂正
⑫壮大
⑬解剖
⑭洞窟
⑮是非
⑯鈍化
⑰禍福
⑱漏水
⑲添削
⑳剛性
㉑憂鬱
㉒遷都
㉓油脂
㉔秀麗

☐㉕ キュウカクが鋭い。
☐㉖ この本はフキュウの名作だ。
☐㉗ ビキニカンショウは世界遺産だ。
☐㉘ 四人シマイの物語。
☐㉙★ 遠くでカミナリが鳴り出した。
☐㉚★ 小高いオカに登る。
☐㉛★ どこかでニブイ音がした。
☐㉜★ 鉛筆《えんぴつ》を細くケズル。
☐㉝★ 肉のアブラが出る。
☐㉞★ 花の香りをカグ。

㉕嗅(嗅)覚
㉖不朽
㉗環礁
㉘姉妹
㉙雷
㉚丘
㉛鈍い
㉜削る
㉝脂
㉞嗅(嗅)ぐ

漢字の練習6

教 p.233

☐① 連休で道路がジュウ滞《たい》する。
☐② おいしいカキが実る。
☐③ モモを使ったデザート。
☐④ ホウガクの演奏を録音する。
☐⑤ ワカメなどのカイソウを食べる。
☐⑥ カセンの増水に備える。
☐⑦ 寛大《かんだい》なソチを取る。
☐⑧ 業務のシンチョクを報告する。
☐⑨ かぜのショウジョウが悪化する。

①渋
②柿
③桃
④邦楽
⑤海藻
⑥河川
⑦措置
⑧進捗(捗)
⑨症状

新出漢字

★は新出漢字の教科書本文外の読み方です。

☑⑩ シュトウのワクチンの開発。
☑⑪ ゲリによく効く薬。
☑⑫ リジュンを追求する。
☑⑬ 雨によるシンスイをくい止める。
☑⑭ 唾液《だえき》がブンピツされる。
☑⑮ 土地のツボスウを調べる。
☑⑯ カイヅカから土器が出土する。
☑⑰ コフンとは豪族などの墓である。
☑⑱ ドジョウ汚染《おせん》の調査を行う。
☑⑲ 生活がコンキュウする。
☑⑳ セットウの罪に問われる。
☑㉑ 全国のカモマトを訪ね歩く。
☑㉒ 広大なテイタク。
☑㉓ 一面にクワバタケが広がる。
☑㉔ シンロウの友人の祝辞。
☑㉕ シュクフとは親の弟のことだ。
☑㉖★ 担当者にシブイ顔をされる。
☑㉗★ ハクトウの缶詰《かんづめ》。

⑩種痘
⑪下痢
⑫利潤
⑬浸水
⑭分泌
⑮坪数
⑯貝塚
⑰古墳
⑱土壌
⑲困窮
⑳窃盗
㉑窯元
㉒邸宅
㉓桑畑
㉔新郎
㉕叔父
㉖渋い
㉗白桃

少年の日の思い出　教 p.242~p.256

☑① マッチを出してスル。
☑② メズラシイ植物を探す。
☑③ 兄はにこやかにビショウした。
☑④ 子どもがほほエム。
☑⑤ なつかしいおユウギの思い出。
☑⑥ かたからドウランを下げる。
☑⑦ 不当な暴利をムサボル。
☑⑧ 夕暮れがシノビヨル。
☑⑨ 羽にあるハンテンが目印だ。
☑⑩ チョウのショッカクを観察する。
☑⑪ カンキの表情を浮かべる。
☑⑫ 耳にセンをする。
☑⑬ 封筒《ふうとう》に切手をハリツケル。
☑⑭ 古い家の屋根がイタム。
☑⑮ 弟はモハンショウネンだ。
☑⑯ 他人をネタムのはよくない。
☑⑰ 本物かどうかカンテイする。
☑⑱ 雑誌のサシエを見る。
☑⑲ 出身校の優勝をネツレツに望む。
☑⑳ イクドも聞き直す。
☑㉑ ふとんをタタム。

①擦る
②珍しい
③微笑
④笑む
⑤遊戯
⑥胴乱
⑦貪る
⑧忍び寄る
⑨斑点
⑩触角
⑪歓喜
⑫栓
⑬貼り付ける
⑭傷む
⑮模範少年
⑯妬む
⑰鑑定
⑱挿絵
⑲熱烈
⑳幾度
㉑畳む

☐㉒ なんともウラヤマシイ話だ。
☐㉓ 彼女の言動はとてもユウガだ。
☐㉔ ユウ惑《わく》をたち切る強い意志。
☐㉕ 作品をタンネンに仕上げる。
☐㉖ 試合はイゼン，優勢のままだ。
☐㉗ ケイベツテキな態度をとる。
☐㉘ 注意してトリアツカウ。
☐㉙ えものののドブエをかき切る。
☐㉚ 激しくノノシル。
☐㉛ あやまちをツグナウ。
☐㉜ 夜オソイ時刻まで勉強する。
☐㉝★ 摩《ま》サツで熱が生じる。
☐㉞★ 戦国時代のニンジャ。
☐㉟★ 木のテザワリを確かめる。
☐㊱★ 証明書に顔写真をチョウフする。
☐㊲★ ライバルの才能を嫉《しっ》トする。
☐㊳★ 画面に図をソウニュウする。
☐㊴★ サゲスミの視線を向ける。
☐㊵★ 会議中にバセイがとぶ。
☐㊶★ 電車に乗りオクレル。

㉒羨ましい
㉓優雅
㉔誘
㉕丹念
㉖依然
㉗軽蔑（蔑）的
㉘取り扱う
㉙喉笛
㉚罵る
㉛償う
㉜遅い
㉝擦
㉞忍者
㉟手触り
㊱貼付
㊲妬
㊳挿入
㊴蔑（蔑）み
㊵罵声
㊶遅れる

漢字の練習7

☐① 青いヤナギの葉。
☐② 油断しないようにイマシメル。
☐③ 作品を冊子にショウロクする。
☐④ 内科のカンジャ。
☐⑤ 引退をテッカイする。
☐⑥ ホニュウルイは肺で呼吸する。
☐⑦ 王にエッケンする。
☐⑧ ジュウイを目指して努力する。
☐⑨ 空が雲一つなくスミわたる。
☐⑩ 今日の試合はセキハイだった。
☐⑪ 小豆であんこを作る。
☐⑫ 青い海原を見つめる。
☐⑬ 犬が尻尾を振る。
☐⑭ 剣道で竹刀を構える。
☐⑮ 公園の芝生に座る。
☐⑯ 雪崩が発生する。
☐⑰ 叔父に手紙を書く。
☐⑱★ 趣味《しゅみ》でセンリュウをよむ。
☐⑲★ 山でケモノミチに迷い込む。

教 p.258

①柳
②戒める
③抄録
④患者
⑤撤回
⑥哺乳類
⑦謁見
⑧獣医
⑨澄み
⑩惜敗
⑪あずき
⑫うなばら
⑬しっぽ
⑭しない
⑮しばふ
⑯なだれ
⑰おじ（しゅくふ）
⑱川柳
⑲獣道

物語の始まり――竹取物語《たけとり》――

教 p.114〜p.121

❁歴史的仮名遣《づか》い　現代仮名遣いを確認《かくにん》しよう。

☑ ① いふ　…いう
☑ ② よろづ　…よろず
☑ ③ なむ　…なん
☑ ④ いひける　…いいける
☑ ⑤ うつくしう　…うつくしゅう
☑ ⑥ ゐたり　…いたり
☑ ⑦ おそはるるやう　…おそわるるよう
☑ ⑧ あひ戦はむ　…あいたたかわん
☑ ⑨ いとほし　…いとおし
☑ ⑩ もの思ひ　…ものおもい

❁ポイント文　現代語訳を確認しよう。

☑ ⑪ よろづのことに使ひけり
訳 いろいろなことに使っていた
☑ ⑫ いとうつくしうてゐたり
訳 とてもかわいらしい姿で座《すわ》っている
☑ ⑬ あひ戦はむ心もなかりけり
訳 対戦しようという気持ちもなくなった

❁古典の言葉の意味　意味を確認しよう。

☑ ⑭ まじる　…（野や山などに）分け入る
☑ ⑮ よろづ　…いろいろ
☑ ⑯ あやしがる　…不思議に思う
☑ ⑰ いと　…とても
☑ ⑱ うつくし　…かわいらしい
☑ ⑲ ゐる　…座る
☑ ⑳ ちご　…幼い子
☑ ㉑ ふと　…さっと
☑ ㉒ いとほし　…気の毒だ
☑ ㉓ かなし　…いたわしい
☑ ㉔ 具す　…引き連れる

❁作品　作品について確認しよう。

☑ ㉕ 作者　…不明
☑ ㉖ 成立　…平安時代の初め頃《ごろ》
☑ ㉗ 特徴《とくちょう》　…仮名で書かれた現存最古の物語

＊かぐや姫が月に昇った八月十五日の月は、「中秋の名月」といわれた。

あとひと押し！　歴史的仮名遣《づか》い…語中・語尾《ごび》の は・ひ・ふ・へ・ほ→わ・い・う・え・お，む・なむ→ん・なん，ぢ・づ→じ・ず，ゐ・ゑ・を→い・え・お　など。

故事成語―中国の名言―

教 p.122〜p.126

❀漢文のルール　漢文を読むときのきまりを確認しよう。

☑① 訓読法《くんどくほう》……漢文に訓点《くんてん》をつけ、日本語に翻訳《ほんやく》しながら読み味わう方法。

☑② 書き下《くだ》し文…訓読法に従って、漢文を漢字仮名交じりに改めたもの。

☑③ 訓点………「句読点」「送り仮名」「返り点」をまとめた言葉。

☑④ 送り仮名……言葉をつなぐ「…ハ」「…ノ」や、動詞の形が変わる部分などを片仮名で漢字の右下に書く。歴史的仮名遣《づか》いを用いる。

❀返り点　漢文を読む順番を確認しよう。

●レ点…一字下から返って読む。

☑⑤ 2レ 1

☑⑥ 3レ 2レ 1

●一・二点…二字以上、下から返って読む。

☑⑦ 3二 1 2一

☑⑧ 1 4二 2 3一 5

❀語句・ポイント文の意味　意味を確認しよう。

☑⑨ ひさぐ　…売る

☑⑩ よくとほすものなし　…貫《つらぬ》いて穴をあけられるものはない

☑⑪ 利《と》きこと　…鋭いこと

☑⑫ とほさざるなし　…貫いて穴をあけられないものはない

☑⑬ いかん　…どうなるだろう

☑⑭ 芒芒然《ばうばうぜん》として…すっかり疲れはてて

☑⑮ 苗《なへ》を助けて長《ちやう》ぜしむ　…苗を助けて伸《の》ばしてやったのだ

❀ポイント文　書き下《くだ》し文と意味を確認しよう。

☑⑯ 有《あレバ》レ備《そなヘ》無《なシ》レ憂《うれヒ》。

書き下し文　備へ有れば憂ひ無し。

意味　ふだんから、いざという時のことを考えて準備をしていれば、困ることはないこと。

☑⑰ 借《かル》二虎《とらノ》威《ゐヲ》一狐《きつね》。

書き下し文　虎の威《い》を借る狐。

意味　弱い者が有力者の権威をかさに着ていばること。

あと ひと押し！　「故事成語」とは，中国の古典に記されている伝説やたとえ話などの故事から生まれた語のこと。「矛盾《むじゅん》」「漁夫《ぎょふ》の利《り》」「五十歩百歩《ごじっぽひゃっぽ》」など。

文法の小窓1　言葉の単位

教 p.27／p.272～p.274

❂言葉の単位　言葉の単位の種類を確認《かくにん》しよう。

☑ ① 文章…小説や詩などの全体、あるいは一通の手紙や電子メール全体など。話し言葉の場合は、スピーチや講演などの全体（「談話」ともいう）。

☑ ② 段落…文章の中で、まとまった内容を表しているひとまとまり。

＊段落の変わり目は改行し、最初の一字分をあける。

☑ ③ 文…文章や段落の中で、一つのまとまった内容を表して言い切られるひとまとまり。

＊終わりにたいてい「。」（句点）をつける。「？」（疑問符《ふ》）や「！」（感嘆《かんたん》符）をつける場合もある。

☑ ④ 文節…文を、表現として不自然にならないように、できるだけ細かくくぎったひとまとまり。

☑ ⑤ 単語…文節をさらに細かく分けて、意味をもつ最小の部分にくぎった言葉。

❂文節　文節のくぎり方を確認しよう。

☑ ⑥ 決勝戦は／三日後に／延期に／なる／。

☑ ⑦ 教室に／いる／人は／すぐ／音楽室に／移動する／こと／。

☑ ⑧ 冬は／もう／そこまで／来て／いる／。

＊「来ている」は二文節。

❂単語　単語のくぎり方を確認しよう。

☑ ⑨ 決勝戦／は／三日後／に／延期／に／なる／。

☑ ⑩ 教室／に／いる／人／は／すぐ／音楽室／に／移動する／こと／。

☑ ⑪ 冬／は／もう／そこ／まで／来／て／いる／。

● 複合語…もともと単独で使える二つ以上の単語が結びつき、一つの単語になったもの。

例 下校時間・思い出す・参加する

あと ひと押し！　文節のくぎりが判断しにくいときは，「ね」や「よ」が入る部分を探してみる。→ついに(ね)待望の(ね)日曜日が(ね)やって(ね)きた。

文法の小窓2　文の成分

教 p.98／p.275～p.279

❂文の成分　文の成分について確認しよう。

文の成分…文の中で文を組み立てる部分。

☑ ①主語…文の中で「何(誰《だれ》)が」にあたる文の成分。

☑ ②述語…文の中で「どうする」「どんなだ」「何だ」「ある・いる」にあたる文の成分。

☑ ③修飾《しゅうしょく》語…他の文の成分の意味や内容を詳《くわ》しくする文の成分。「どんな」「何を」「どのように」にあたる。

＊体言《たいげん》を含《ふく》む文の成分を修飾するのが連体修飾語。用言《ようげん》を含む文の成分を修飾するのが連用修飾語。

☑ ④接続語…理由や条件などを表して、後の部分につながる文の成分。

☑ ⑤独立語…他の部分から独立している文の成分。

❂連文節　種類を確認しよう。

☑ ⑥連文節…複数の文節がひとまとまりになったもの。

文の成分が連文節の場合、主部・述部・修飾部・接続部・独立部と「部」を使うこともある。

❂文の成分の関係　文の成分どうしの関係を確認しよう。

●主・述の関係

☑ ⑦「何(誰)が」(主語)→「どうする」(述語)

例 犬が　走る。

☑ ⑧「何(誰)が」(主語)→「何だ」(述語)

例 私が　学級委員長だ。

●修飾・被《ひ》修飾の関係

☑ ⑨「どんな」(連体修飾語)→こと・もの

例 どこまでも　青い　空。

☑ ⑩「どのように」(連用修飾語)→どうする

例 父が　あわてて　起きる。

●接続の関係

☑ ⑪接続語とそれにつながる部分との関係

例 ねぼうしたから、遅刻《ちこく》した。(理由)

●並立《へいりつ》の関係

☑ ⑫並立の文節どうしの関係。他の文節と対等に並んで結びつく文節を並立語という。

例 父と　兄は　毎日　いそがしい。

●補助の関係

☑ ⑬実質的な意味を表す文節と、それにいろいろな意味を添《そ》える補助の文節との関係。

例 母が　呼んで　いる。

あと ひと押し!　主語は「～が」の形以外に，「～は」「～だけ」「～も」「～こそ」の形もある。

文法の小窓3　単語のいろいろ

教 p.222／p.280〜p.284

❁自立語と付属語　自立語・付属語の特徴《とくちょう》を確認しよう。

☑ ① 自立語…単語のうち、それだけで文節をつくることができるもの。一文節に必ず一つあり、いつも文節の最初にくる。

☑ ② 付属語…それだけでは文節をつくることができず、必ず自立語のあとについて全体で文節をつくる。一文節に一つもない場合もある。

例 静かに／雪が／降って／いる／。
（自立語：静か・雪・降っ　付属語：に・が・て・いる）

❁品詞　種類を表で確認しよう。

単語	活用	性質	働き	品詞	例
自立語	活用がない。	主語になることができる。（＝体言）		☑ ③ 名詞	例 海・友人
自立語	活用がない。	主語になることができない。	連体修飾語になる。	☑ ④ 連体詞	例 あの・小さな
自立語	活用がない。	主語になることができない。	主に連用修飾語になる。	☑ ⑤ 副詞	例 そっと・なぜ
自立語	活用がない。	主語になることができない。	接続語になる。	☑ ⑥ 接続詞	例 だが・しかも
自立語	活用がない。	主語になることができない。	独立語になる。	☑ ⑦ 感動詞	例 ああ・ほら
自立語	活用がある。	単独で述語になることができる。（＝用言）	ウ段の音で終わる。	☑ ⑧ 動詞	例 来る・食べる
自立語	活用がある。	単独で述語になることができる。（＝用言）	「い」で終わる。	☑ ⑨ 形容詞	例 暗い・冷たい
自立語	活用がある。	単独で述語になることができる。（＝用言）	「だ・です」で終わる。	☑ ⑩ 形容動詞	例 確かだ・急です
付属語	活用がない。			☑ ⑪ 助詞	例 が・ので
付属語	活用がある。			☑ ⑫ 助動詞	例 させる・ない

あと ひと押し! 一文節の中で，付属語は複数含《ふく》まれることもあるが，自立語は一つしかないということを覚えておけば，文節や単語をくぎる際に役立つ。

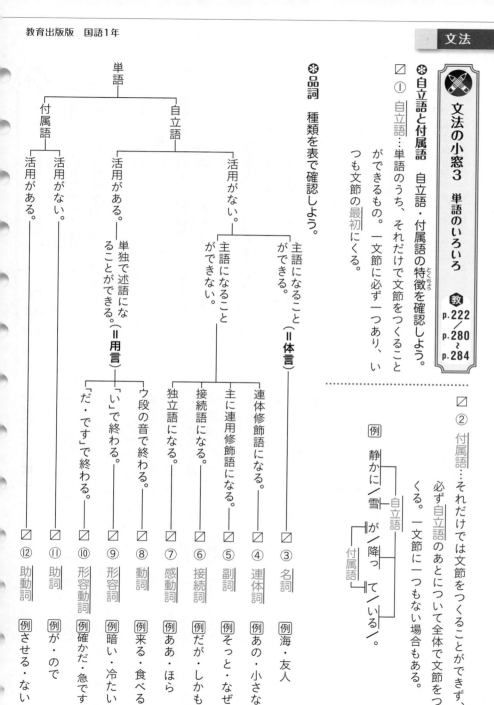

もくじ

教育出版版　国語１年

テストの範囲や学習予定日をかこう！

学習計画 出題範囲	学習予定日
5/14 テストの日	5/10
	5/11

【図版提供】教育出版

ふしぎ

教科書 p.14～p.15

テストに出る！ ココが要点

詩の特徴《とくちょう》

●三行ずつの四連構成。

●各連の最初の一行は全て「わたしはふしぎでたまらない、」という言葉で始まる。

→**繰《く》り返し**…同じ表現を繰り返して内容を印象づけ、リズムを生む方法。

●各連の一行めと二・三行めは、語順が逆になっている。

→**倒置《とうち》法**…言葉の順序を逆にして、強調する方法。

主題

◆みんなが何の疑問ももたずに「あたりまえ」と思っているありふれた身近なできごとや様子を、作者は繊細《せんさい》な感性で「ふしぎ」と表現している。

テストに出る！ 予想問題

解答 p.1　30分　100点

次の詩を読んで、問題に答えなさい。

ふしぎ

金子《かねこ》 みすゞ《(ず)》

わたしはふしぎでたまらない、
黒い雲からふる雨が、
銀にひかっていることが。

3 この詩で繰《く》り返されている言葉を、詩の中から一行で抜《ぬ》き出しなさい。〔10点〕

4 よく出る この詩で用いられている表現技法を次から全て選び、記号で答えなさい。完答〔15点〕

ア 直喩《ちょくゆ》　**イ** 倒置《とうち》法
ウ 繰り返し　**エ** 体言止め

5 第一連～第三連で、「わたし」は、どのようなことをふしぎだと思っているのですか。それぞれ書きなさい。10点×3〔30点〕

第一連

第二連

第三連

漢字を読もう！ ①銀　②葉　③開く
←答えは左ページ

わたしはふしぎでたまらない、
青いくわの葉たべている、
かいこが白くなることが。

わたしはふしぎでたまらない、
たれもいじらぬ夕顔が、
ひとりでぱらりと開くのが。

わたしはふしぎでたまらない、
たれにきいてもわらってて、
あたりまえだ、ということが。

1 よく出る この詩は何連で構成されていますか。漢数字で書きなさい。〔10点〕

連

2 第一連の三行は、語順が入れ替《か》わっています。普通《ふつう》の語順で書きなさい。〔10点〕

6 ――線「たれにきいてもわらってて」とありますが、なぜわらっているのですか。次から一つ選び、記号で答えなさい。〔10点〕

ア 誰《だれ》もが「ふしぎ」だと思っていることを、「わたし」が「あたりまえ」だと言うから。

イ 誰もが「あたりまえ」だと思っていることを、「わたし」が「ふしぎ」だと言うから。

ウ 「わたし」がいろいろな人に、どんなことを「ふしぎ」に思うかを聞いているから。

エ 「わたし」がいろいろな人に、どんなことを「あたりまえ」だと思うのかを聞いているから。

7 やや難 この詩の内容について説明した文として、最も適切なものを次から一つ選び、記号で答えなさい。〔15点〕

ア 作者は、誰もが経験している日常のできごとを、難解な言葉で表現している。

イ 作者は、誰も気づかなかった自然の美しさやすばらしさを、みずみずしい感覚で描《えが》いている。

ウ 作者は、誰もが見過ごしてしまいそうなありふれたできごとを、素朴《そぼく》な感性で見つめている。

エ 作者は、誰もが感じている自然に関する疑問を、新たな視点で解き明かしている。

漢字で書こう! ①ぎん ②は ③ひら(く)
答えは右ページ➡

桜蝶《さくらちょう》

テストに出る！ ココが要点

変化する「僕《ぼく》」の心情（教 p.20～p.23）➤ 予想問題

● 桜蝶《さくらちょう》を見に公園に通う「僕《ぼく》」（倉橋《くらはし》君）の心情の変化を読み取る。

・故郷を離《はな》れた「僕」の境遇《きょうぐう》を桜蝶に重ねる。→孤独《こどく》を分け合う。

・桜蝶の飛び立ちで、親友の言葉を思い出す。→別れは**始まり**だと気づく。

主題

◇転校生の「僕《ぼく》」（倉橋《くらはし》君）は、桜蝶の習性と自分の境遇《きょうぐう》を重ね合わせることで孤独《こどく》を紛《まぎ》らわせていたが、親友の言葉を思い出し、その気持ちに前向きな変化が生じる。

テストに出る！ 予想問題

解答 p.1　30分　100点

次のA・Bの二つの文章を読んで、問題に答えなさい。

A

〔桜の木の前で桜蝶《さくらちょう》を見ていた倉橋《くらはし》君は、同じクラスの白石《しらいし》さんに話しかけられ、桜蝶の説明を始める。〕

「春が来ると南から北へ、桜の木に留まりながら旅をする蝶がいて。それが、①桜蝶っていう蝶で。この蝶がやってくると桜が一斉《いっせい》に咲《さ》き始めるから、桜の開花を告げる蝶だとも言われててね。僕《ぼく》はここで偶然《ぐうぜん》見つけて毎日観察してたんだけど、そろそろ次の目的地に向かって飛び立つ気配を見せてるんだ。」

その時、倉橋君が「あっ。」と叫《さけ》んだ。それと同時に②信じられないことが起こった。目の前の桜の木から一斉に花びらが散ったかと思うと、地面に落ちることもなく、そのまま宙を飛び始めたのだ。よく見ると、それは花びらのような羽を持った淡《あわ》いピンクの蝶はこれから旅立つのだ。さらに北の方へ向かって。

その時、飛んでいく⑤ピンクの靄を見つめながら、白石さんがポツリと言った。

「春とはもう、お別れなんだね……。」

それを聞いて、ハッとなった。僕の頭に別れぎわの親友の言葉がよみがえってきたからだ。

——別れは終わりなんかじゃない。始まりなんだよ——。

僕は白石さんにこう言った。

「そうだね。でも、ほら、見てみなよ。」

視線の先、南の空には⑥緑の靄が浮《う》かんでいる。

〔田丸《たまる》雅智《まさとも》「桜蝶《さくらちょう》」による〕

1 ——線①「桜蝶」は、どのような姿の蝶ですか。「……の蝶。」につながるように、Aの文章中から十七字で抜《ぬ》き出しなさい。〔15点〕

□□□□□□□□□□□□□□□□□の蝶。

2 ——線②「信じられないこと」とは、どのようなことですか。書きなさい。〔15点〕

漢字も読もう！ ①視線　②転勤　③巻く
←答えは左ページ

の蝶だった。

蝶は渦《うず》を巻きながら天高く昇《のぼ》っていく。夕空を、ピンクの靄《もや》が北に向かって移動していく。

その美しい光景に見惚《みほ》れながらも、白石さんはこう呟《つぶや》いた。

「春とはもう、お別れなんだね……。」

なんだか寂《さび》しい思いにとらわれていると、倉橋君が口にした。

「そうだね。でも、ほら、見てみなよ。」

その指さす方――南の空に目をやって、白石さんは声をあげた。

緑の靄が飛んできているのが見えたのだ。

〔田丸《たまる》 雅智《まさとも》「桜蝶《さくらちょう》」による〕

B

③僕が親の転勤でこの町にやってきたのは、春先のことだった。生まれ育った故郷を離《はな》れるのは寂しくて、特に友達との別れは本当につらかった。

そんな折、僕はこの公園で偶然にも桜蝶を見つけた。桜蝶――それは春が来ると南から北へと桜の木に留まりながら旅する蝶だ。この蝶がやってくると桜が一斉に咲き始めるので、桜の開花を告げる蝶だとも言われている……そう教えてくれたのは、故郷にいる親友だった。

④僕は蝶を発見したその日から、公園へと毎日通った。そして、南の町から来た自分の境遇《きょうぐう》を桜蝶に重ねては、勝手に孤独《こどく》を分け合ってきた。

けれど、そんな日々も、まもなく終わる――。

桜蝶が一斉に宙へと飛び上がったのは、次の瞬間《しゅんかん》のことだった。

3 ――線③「僕」とは誰《だれ》のことですか。Aの文章中から三字で抜《ぬ》き出しなさい。〔15点〕

□□□

4 やや難 ――線④「僕は……毎日通った。」とありますが、僕が公園に通ったのは何をするためですか。□にあてはまる言葉を書きなさい。〔20点〕

公園の桜蝶を見ることで、□ ため。

5 よく出る ――線⑤「ピンクの靄」を見ているときと、――線⑥「緑の靄」を見ているときとで、「僕」の心情はどのように変化していますか。それを説明した次の文の□ⓐ・ⓑにあてはまる言葉を、あとから一つずつ選び、記号で答えなさい。10点×2〔20点〕

ピンクの靄を見ているときはⓐを感じていたが、緑の靄を見ているときは新たな始まりを予感してⓑを感じている。

ア 恐《おそ》れ　イ 寂しさ　ウ とまどい
エ 希望　オ おもしろさ

ⓐ□ ⓑ□

6 よく出る AとBの文章についての説明として適切なものを次から一つ選び、記号で答えなさい。〔15点〕

ア AとBは異なる出来事を同じ人物の視点で描《えが》いている。
イ Aは語り手の視点、Bは「僕」の視点で描かれている。
ウ BはAより桜蝶について科学的に詳《くわ》しく書かれている。
エ Bのみが時間の経過に沿って描かれている。

□

漢字で書こう！ ①しせん ②てんきん ③ま（く）
答えは右ページ→

教科書 p.27／p.272～p.274

文法の小窓1　言葉の単位

確認《かくにん》

◇言葉は、「文章・段落・文・文節・単語」という五つの単位に分けられる。
◇大きい順に、文章・段落・文・文節・単語となる。

5分間攻略ブック p.18

テストに出る!
ココが要点

●言葉は、まとまりの大きさを、五つの単位に表すことができる。
●大きい順に、文章（談話）・段落・文・文節・単語となる。
・**文章**…小説や随筆《ずいひつ》、手紙や電子メールなどの全体をいう。
・**段落**…文章の中で、まとまった内容を表したひとまとまり。
・**文**……まとまった内容を表して言い切られるひとまとまり。文の終わりには、たいてい「。」（**句点**）がつく。
・**文節**…文を、不自然にならないように、できるだけ細かくくぎったひとまとまり。
・**単語**…文節をさらに細かく分けて、意味をもつ最小の部分にくぎった言葉。「語」ともいう。
＊二つ以上の単語が結びついて、一つの単語になったものを**複合語**という。　例 新学期→新＋学期

例題

1 次の□①～③の言葉の単位は、文章・段落・文のどれですか。

①
②
③

僕《ぼく》の得意なことは、水泳だ。四種目全て、泳ぐことができる。

また、本を読むことも好きだ。

答えと解説

1 ①段落　②文　③文章

②は、**終わりに「。」**がついているので「文」。①は**文章の中で、まとまった内容を表すので「段落」**。③は、

予想問題

テストに出る!　解答 p.2　20分　100点

1 次のア～オを、言葉の単位として大きい順に並べなさい。　完答〔10点〕

ア 文節　イ 文章　ウ 単語　エ 段落　オ 文

□→□→□→□→□

2 次の文章を読んで答えなさい。　5点×2〔10点〕

今日は、中学校の入学式だ。新しい制服に身を包むと、身も心もキュッとひきしまった感じがした。

体育館で、校長先生の話を聞いたあと、新しいクラスが発表になった。僕《ぼく》は、一年A組になった。

教室に入ると、同じ小学校だった友達がいて、ほっとした。

(1) 右の文章は、いくつの段落からできていますか。漢数字で答えなさい。　□

(2) 右の文章は、いくつの文からできていますか。漢数字で答えなさい。　□

漢字を読もう!　①片づける　②名詞　③疑問

①（　　　）②（　　　）③（　　　）

2 次の□①～③の言葉の単位は、文・文節・単語のどれですか。

僕は、中学生だ。
（①・②・③の枠）

①（　　　）②（　　　）③（　　　）

3 次の文を文節にくぎった場合、正しいものを選びなさい。

私はきれいな花を買った。

ア 私は／きれいな／花を／買った／。
イ 私は／きれいな花を／買った／。
ウ 私／は／きれいな／花を／買っ／た／。

（　　　）

4 次の文を単語にくぎった場合、正しいものを選びなさい。

母は戸をゆっくり開けた。

ア 母／は／戸を／ゆっくり／開けた／。
イ 母は／戸を／ゆっくり／開けた／。
ウ 母／は／戸／を／ゆっくり／開け／た／。

（　　　）

全体を指すので「文章」。

2 ①文節　②単語　③文

文節を見分けるには、**間に「ね」や「よ」を入れて、不自然にならないかを見る。**単語は、**文節をさらに細かく分けた、意味をもつ最小の単位。**

3 ア

「ね」を入れて意味が通じるところでくぎる。
私は(ね)／きれいな(ね)／花を(ね)／買った／。

4 ウ

文節をさらに細かくくぎる。
母／は／戸／を／ゆっくり／開け／た／。

---

3 よく出る **次の文に「／」を入れて文節にくぎりなさい。** 5点×7〔35点〕

例 弟は／来年／中学生に／なる／。

① ここは思い出の場所だ。
② 公園の大木に雷《かみなり》が落ちた。
③ どうやら今年は冷夏らしい。
④ 庭の花がたくさん咲《さ》いた。
⑤ 友達に本を貸してもらった。
⑥ どうしても兄を許せない。
⑦ 雨が降っているから家で遊ぼう。

4 やや難 **次の文に「／」を入れて単語にくぎりなさい。** 5点×7〔35点〕

例 弟／は／来年／中学生／に／なる／。

① 今日から新学期だ。
② 桜の花が咲いています。
③ 決してこの箱を開けてはならない。
④ たくさんの人がいて、とてもにぎやかだ。
⑤ 子どもたちが外で元気に遊んでいる。
⑥ あそこに見える赤い屋根の建物が、私の家です。
⑦ 子どもが指差した方向に、大きなカブトムシがいた。

5 **次の複合語はどんな単語が結びついたものですか。書きなさい。** 完答5点×2〔10点〕

① 読み返す→ □＋□
② 心苦しい→ □＋□

漢字で書こう! ①かた(づける)　②めいし　③ぎもん
答えは右ページ➡

教科書 p.34～p.40

自分の脳を知っていますか

要旨《ようし》

◆脳の判断は状況《じょうきょう》によって変わる場合があり、いつも合理的で正しいわけではない。効率よく生きるために脳には癖があることを知っていれば、よけいな誤解を避《さ》けることができる。

5分間攻略ブック p.2

テストに出る! ココが要点

「おとり効果」とは（教 p.35～p.36）▼例題

クッキーを使った二つの実験の結果の違《ちが》いに注目する。

実験②…実験①と同じクッキーの間におとりのクッキーCを並べる。

- 実験②では、実験①よりもクッキーBを選ぶ人が増える。
- クッキーCの存在が、人の判断を変えてしまう。＝おとり効果

脳の癖の問題点（教 p.36～p.38）▼予想問題

- 脳は、状況《じょうきょう》によって合理的でない判断をしてしまう。→脳の奇妙《きみょう》な癖
- 脳の癖は、判断をすばやく行うための効率化の結果生まれた。
  長年の経験に基づく直感による。＝いつでも正しいとは限らない。
- 脳の癖に気づかないまま過ごすと、人間関係を悪くしかねない。

例題 「おとり効果」とは

次の実験例を見てみましょう。大好きなクッキーを選ぶ実験です。

実験①では二枚のクッキーがあります。クッキーAと

1 ――線①のような言い方をする理由を選びなさい。

ア　クッキーの形が同じだから。
イ　クッキーの大きさが同じだから。
ウ　クッキーの置き方が異なるから。

（　　）

2 よく出る ――線②は、どのような現象を引き起こしますか。

そこに□□□□ことで、□□□を変えてしまう現象。

答えと解説

1 イ

前文にある「同じクッキー」は、AとBの大きさが同じということ。**大きさが同じなので、二枚のクッキーが同じ割合で選ばれるのは当然**である。

2 存在する・人の判断

クッキーCが**存在する**ことで、実験②では実験①よりも**クッキーBを選ぶ人が増えるという結果**になっている。

漢字を読もう!　①奇《き》妙　②陥る　③互い
←答えは左ページ

クッキーBは、置き方が異なりますが、同じクッキーです。この場合、①**当然ですが**両者は半々の割合で選ばれます。

　では、実験②のように、新たにクッキーCを並べて、三枚にしたらどうでしょう。さすがに小さなクッキーCを選ぶ人はいませんが、意外なことに、クッキーAを選ぶ人が減り、クッキーBを選ぶ人が増えます。これは②**「おとり効果」**と呼ばれます。ここでは、クッキー□がおとりの役割をしています。それ自体は選ばれることのないクッキーCですが、そこに存在することで、人の判断を変えてしまう現象です。

　なぜ③**このような判断**をするのでしょう。ヒトはいくつかの要素を比較して、少しでも得なほうを選ぼうとします。ここでは、一目で判断できる要素である、「幅《はば》」と「高さ」に着目します。クッキーAは、幅ではクッキーCに勝《まさ》っていますが、高さでは劣《おと》っています。一方、クッキーBは幅でも高さでもクッキーCよりも優《すぐ》れています。ですからクッキーBに軍配が上がります。これがクッキーBを選ぶ人が増える理由です。

　一見理不尽《りふじん》な判断にも思えますが、これは脳がもともともっている癖です。なぜなら、同じ実験をヒトに近いチンパンジーに対して行っても、ヒトと似た結果が得られるからです。判断をすばやく行うために、④**必要な要素**を直感的に選び抜くのです。

［池谷《いけがや》 裕二《ゆうじ》「自分の脳を知っていますか」による］

3 文章中の□にあてはまるのは、A・B・Cのどれですか。書きなさい。

クッキー（　　）

4 ――線③について答えなさい。

(1) この判断は、実験②でのどのような判断のことを指していますか。選びなさい。

ア クッキーAを選ぶという判断。
イ クッキーBを選ぶという判断。
ウ クッキーCを初めから選ばない判断。

（　　）

(2) よく出る (1)の判断をするのは、ヒトにどのような考え方があるからですか。

いくつかの要素を比較して、

（　　　　）

を選ぼうとする考え方。

5 実験②において、――線④にあたるものは何ですか。

クッキーの□と□。

3 C

直後に「**おとりの役割**」とあるので、実験①では並べていなかった**クッキーC**が入る。

4 (1) イ
(2) 少しでも得なほう

(1)クッキーAとBの**大きさは同じ**なのに、**クッキーCよりも幅と高さの両方が優れているクッキーBを選ぶ判断**のことを指している。
(2)直後の文で、ヒトが判断するときに考えることとして、「少しでも得なほうを選ぼう」とすることを挙げている。

5 幅・高さ

実験②で、**「一目で判断できる要素」**として**「幅」**と**「高さ」**が挙げられている。

漢字で書こう！ ①（き）みょう　②おちい（る）　③たが（い）
答えは右ページ➡

テストに出る！

予想問題

解答 p.2　30分　/100点

次の文章を読んで、問題に答えなさい。

一見理不尽《りふじん》な判断にも思えますが、これは脳がもともともっている癖です。なぜなら、同じ実験をヒトに近いチンパンジーに対して行っても、ヒトと似た結果が得られるからです。判断をすばやく行うために、必要な要素を直感的に選び抜くのです。

脳は、必ずしも合理的に物事を判断しているのではありません。同じ選択《せんたく》でも、状況《じょうきょう》によって判断が変わります。本人は論理的に考えているつもりかもしれませんが、知らず知らずのうちに判断の方法が変わり、非合理的な決断に陥ってしまうことがあるのです。

どうしてこのような①奇妙《きみょう》な癖があるのでしょうか。

野生の動物を想像してください。例えば、天敵のライオンに狙《ねら》われているシマウマが、どの方角に逃《に》げるべきかをじっくりと考えていたら、その間に命を落としてしまうかもしれません。すばやく要素をしぼり、限られた要素からすばやく正確な判断ができる動物こそが、無事に生き残ることができます。

このことからも、判断をすばやく行うための効率化を進めた結果、脳に奇妙な癖ができたと考えられます。

すばやい判断のための②直感は、長年の経験に基づいています。幼児は要素をうまくしぼることができないために、判断に時間がかかったり、判断をまちがえたりしがちですが、成長の過程で多くの経験を通じて、不要な要素をすばやく取り除くことができる

---

1 ――線①「奇妙な癖」について答えなさい。

(1) 「奇妙な癖」とは、どのような癖ですか。次の文の□にあてはまる言葉を文章中から抜き出しなさい。　5点×2〔10点〕

ⓐ□の変化によって、脳の判断のⓑ□が知らず知らずのうちに変わってしまう癖。

(2) 筆者は「奇妙な癖」によって脳が下した判断を、何と言い換えていますか。文章中から七字で抜き出しなさい。〔10点〕

(3) ［やや難］ ヒトの脳に「奇妙な癖」ができたのはなぜですか。「生き残る」という言葉を使って書きなさい。〔20点〕

2 ［よく出る］ ――線②「直感」の説明としてあてはまらないものを次から一つ選び、記号で答えなさい。〔10点〕

ア　ヒトの直感は、成長過程で得た多くの経験に基づいている。
イ　直感によって判断に不要な要素をすばやく取り除けるようになる。
ウ　ヒトが成長するにつれて、判断のときに頼《たよ》ることが減っていく。
エ　ある条件下では、直感による判断が正しくない場合がある。

3 ――線③「誤った判断」について答えなさい。

漢字を読もう！　①癖　②比較　③抜(く)
←答えは左ページ

ようになります。よけいなことに気を配る手間が省かれ、効率よく生きられるようになります。これが直感のもたらす最大の恩恵《おんけい》です。

しかし、③直感はいつでも正しいとは限りません。特殊《とくしゅ》な条件がそろうと、誤った判断に陥ってしまうこともあります。クッキーの実験の例では、本来はクッキーの面積を比較するべきです。しかし、面積の計算には時間がかかるので、つい、④幅《はば》と高さという簡単な要素にしぼって比較してしまいます。これが落とし穴になるのです。

このような脳の判断の癖は、「おとり効果」にとどまりません。これまでに少なくとも数百種類の癖が発見されています。とはいえ、だからだめだと言っているのではありません。脳の癖は、脳が効率よく作動しようと努めたことの裏返しです。脳そのものに罪はありません。

ただし注意してほしいことがあります。このような脳の癖は自然な現象だったとしても、もし、この癖に気づかないまま生活していたとしたら、問題を起こすことになるかもしれません。なぜなら全員が自分の考えをいつでも正しいと信じていると、人間関係を悪くしかねないからです。誤解や偏見《へんけん》が生まれ、不調和や闘《とう》争《そう》さえ生じるかもしれません。

〔池谷《いけがや》 裕二《ゆうじ》「自分の脳を知っていますか」による〕

(1) クッキーを選ぶ実験の例では、どのようなことが「誤った判断」につながったのですか。□にあてはまる言葉を、文章中からそれぞれ抜き出しなさい。 5点×2〔10点〕

クッキーを、ⓐ□ではなくⓑ□という要素にしぼって比較してしまったこと。

(2) (1)の判断をしてしまったのはなぜですか。理由が書かれている部分を文章中から十五字で抜き出し、初めと終わりの三字を書きなさい。〔15点〕

□~□

4 ――線④「落とし穴」と反対の意味で使われている言葉を直前の段落から二字で抜き出しなさい。〔10点〕

□

5 よく出る 筆者がこの文章をとおして最も言いたいことは何ですか。次から一つ選び、記号で答えなさい。〔15点〕

ア 脳には、これまで数百種類の癖が発見されているが、その数はまだまだ少ないと言える。

イ 脳にはさまざまな癖があるが、人間関係に影響《えいきょう》を及《およ》ぼす癖については直さなければならない。

ウ 脳の奇妙な癖は脳のせいではないので、人間はその癖を気にしたり理解したりする必要はない。

エ 脳の判断には癖があることを自覚しておかないと、人間関係において問題を起こす可能性がある。

□

漢字で書こう! ①くせ ②ひかく ③ぬ(く)
答えは右ページ➡

漢字の広場1　漢字の部首
言葉の小窓1　日本語の音声

確認《かくにん》

◆部首は、漢字を共通する形によって分類するときのめやすになるもの。位置によって、大きく七種類に分けられる。
◆音節とは音《おん》の基本的な単位。多くは、母音《ぼいん》と子音《しいん》からなる。

5分間攻略ブック p.2

テストに出る！
ココが要点

漢字の広場1　漢字の部首

●部首とは…さまざまな漢字を、共通する形によって分類するときのめやすとなるもの。

●部首の分類

- 偏《へん》　例 板（きへん）・休（にんべん）・持（てへん）
- 旁《つくり》　例 判（りっとう）・頭（おおがい）
- 冠《かんむり》　例 家（うかんむり）・節（たけかんむり）
- 脚《あし》　例 熱（れんが）・先（ひとあし）・盛（さら）
- 垂《たれ》　例 店（まだれ）・病（やまいだれ）
- 構《かまえ》　例 国（くにがまえ）・閉（もんがまえ）
- 繞《にょう》　例 通（しんにょう）・延（えんにょう）

など

例題

1 次に分類される漢字を選びなさい。

①偏《へん》（　　）　②旁《つくり》（　　）
③冠《かんむり》（　　）　④脚《あし》（　　）
⑤垂《たれ》（　　）　⑥構《かまえ》（　　）
⑦繞《にょう》（　　）

ア 写　**イ** 形　**ウ** 原　**エ** 起
オ 区　**カ** 秋　**キ** 点

答えと解説

1
①カ　②イ　③ア
④キ　⑤ウ　⑥オ
⑦エ

部首は次の通り。
①「禾」、②「彡」、③「冖」、④「灬」、⑤「厂」、⑥「匚」、⑦「走」。

予想問題

テストに出る！

漢字の広場1　漢字の部首

解答 p.3　20分　100点

1 次の漢字群は、どの部に分類されますか。下から選び、――線で結びなさい。　5点×4〔20点〕

①地・型・基・在　・　　・ア「貝」の部
②洗・氷・漢・求　・　　・イ「土」の部
③照・災・焼・灰　・　　・ウ「水」の部
④貯・買・財・費　・　　・エ「火」の部

2 よく出る 次の二つの漢字に共通の部首をあとのア～キから一つずつ選び、記号で答えなさい。また、それぞれの部首の位置をあとのA～Gから一つずつ選び、記号で答えなさい。　4点×14〔56点〕

①侮・傷
②寝・害
③逆・退
④刈・刻
⑤熟・然
⑥廃・座
⑦囚・園

漢字を読もう！　①妊娠　②安泰　③匿名
←答えは左ページ

2

次の漢字の部首の呼び名を選びなさい。

① 温 （　　）　ア さら　イ さんずい

② 殺 （　　）　ア るまた　イ きへん

テストに出る！ ココが要点

言葉の小窓1　日本語の音声

●日本語の音節

音節とは…日本語の音《おん》の基本的な単位。多くは母音《ぼいん》と子音《しいん》を組み合わせてできるが、ア行は母音だけからなる。

●いろいろな音節

・五十音図に示されているもの…清音

・「ガ」「ブ」など……濁音《だくおん》　・「パ」「プ」など……半濁音

・「キャ」「シュ」など…拗音《ようおん》　・「ッ」……促音《そくおん》

・「ン」……撥音《はつおん》　・「ー」……長音

●アクセント…言葉によって決まっている、音の高低。

●イントネーション…言葉のまとまり全体の調子のこと。

例題

1 （　）にあてはまるものを選びなさい。

ローマ字の「ka」の場合、「k」の部分を①（　　）、「a」の部分を②（　　）といい、ア行は③（　　）だけからなる。

ア 母音《ぼいん》　イ 子音《しいん》

2 ①イ　②ア

部首は次の通り。①「氵」。「皿」の部分ではない。②「殳」。「木」の部分ではない。

答えと解説

1 ①イ　②ア　③ア

「カ」を長く「カー」とのばして発音した時の、**「アー」という音が母音《ぼいん》。**

ア 灬（れんが）　イ 辶（しんにょう）
ウ 亻（にんべん）　エ 宀（うかんむり）
オ 广（まだれ）　カ 刂（りっとう）
キ 口（くにがまえ）

A 偏《へん》　B 旁《つくり》　C 冠《かんむり》　D 脚《あし》
E 垂《たれ》　F 構《かまえ》　G 繞《にょう》

	①	③	⑤	⑦
部首				
部首の位置				

	②	④	⑥
部首			
部首の位置			

3 言葉の小窓1　日本語の音声

やや難　次の――線の音節を何といいますか。あとから一つずつ選び、記号で答えなさい。　4点×6〔24点〕

プ①ッ②ー③ムで友達と待ち合わせをしたが④、なかなか来ないの⑤で、でん⑥わをしてみた。

ア 清音　イ 濁音《だくおん》　ウ 半濁音　エ 拗音《ようおん》

オ 促音《そくおん》　カ 撥音《はつおん》　キ 長音

①	
②	
③	
④	
⑤	
⑥	

漢字で書こう！　①にんしん　②あんたい　③とくめい
答えは右ページ➡

ベンチ

5分間攻略ブック p.3

主題

◆ヒトラー政権下のドイツで、ユダヤ人の「僕」はヘルガに出会い恋《こい》をする。ヘルガを思うゆえにその思いを断念しなければならなかった「僕」の苦悩《くのう》が描《えが》かれている。

テストに出る！ **ココが要点**

交際する二人（教 p.54）➤**例題**

●ヘルガの働く幼稚園に行く。→ヘルガと親しくなりたい気持ち。

●ヘルガを家まで送っていくようになる。→うれしい気持ち。

●ヘルガに名前しか教えていない。ユダヤ人だとわかることを恐れつつ、父に「よく考えて」と言われてもデートに出かける「僕」。

デートとフリードリヒの決意（教 p.56～p.58）➤**予想問題**

●ユダヤ人の「僕」は、緑のベンチに座《すわ》っているのを恐ろしく思う。

●ヘルガは黄色いベンチに腰を下ろす→偏見《へんけん》にとらわれず、「僕」がユダヤ人であることなど気にせずにつき合おうとする。

●ヘルガを危険にさらしたくない→もうヘルガに会わない。

例題 交際する二人

それから、①**僕は毎日夕方になるとその幼稚園に行って、立って待っていた**。ヘルガが出てくると、ヘルガの目につくように、すっと歩き始めた。そして彼女が僕の方を見るのを待って、挨拶《あいさつ》した。

初め、彼女はびっくりした。びっくりして目をぱっと開くと、もっときれいになるんだ！ ②**夜、僕はもう、ヘルガの夢ばかり見た**。

一週間たつと、③**毎晩、彼女の家まで送っていくようになった**んだ。あのうれしかった気持ち、君には説明できないな！ 僕たちは、話はあまりしなかった。ただ並んで歩いていられるだけで、よかったんだ。ときどき、ヘルガが横から僕の顔をじっと見ていた。……

だけどさ、ヘルガは僕がフリードリヒ＝シュナイ

1 ――線①で、「僕」はどんな気持ちからこのような行動をとったのですか。

（　　　　）と親しくなりたい気持ち。

2 ――線②に表されている「僕」の気持ちを選びなさい。

ア ヘルガがなかなか好意をもってくれないことにいらだつ気持ち。

イ ヘルガに恋《こい》をして夢中になる気持ち。

ウ ヘルガと親しくなるのを恐れる気持ち。（　）

答えと解説

1 ヘルガ

――線①のあとの「彼女が僕の方を見るのを待って、挨拶した」に注目。「僕」はなんとかしてヘルガに会って、**ヘルガと親しくなりたかった**のである。

2 イ

夜、夢に見るほどヘルガに心を奪《うば》われている「僕」の様子がわかる。「僕」は**ヘルガに恋をして夢中になっている**のだ。

漢字を読もう！ ①我慢　②裂ける　③休暇

←答えは左ページ

ダーという名前だということしか知らなかったんだよな。それ以外のことは、④**なんにも知らなかった**。⑤**僕も話せなかった**。話したら、もう会えなくなるもの。
　前の前の日曜日、僕たちは初めて約束して一緒《いっしょ》に出かけた。町の公園で出会う約束だった。お父さんは、僕が夕方になると決まって用があるといって出かけるので、おかしいと思ってたんだな。それで僕がおしゃれをして出かけようとするのを見ると、首を振ってね、『フリードリヒ、よく考えてみなくちゃだめだぞ！』って言った。でも、それだけだった。あとは⑥**黙ったままじっと僕を見て、そして顔をそむけてしまった**。僕はやっぱり出かけた。

〔ハンス＝ペーター＝リヒター／上田《うえだ》真而子《まにこ》訳「ベンチ」による〕

3 ――線③のようになって「僕」はどんな気持ちでしたか。六字で抜き出しなさい。

□□□□□□

4 ――線④で、ヘルガが「僕」について知っていたことは何ですか。二字で抜き出しなさい。

「僕」の□□。

5 よく出る ――線⑤とありますが、話せなかった理由を選びなさい。

ア 「僕」の家族が交際に反対していることがわかったら、ヘルガに会えなくなるから。
イ 「僕」の家が貧しいことがわかったら、ヘルガに会えなくなるから。
ウ 「僕」がユダヤ人であることがわかったら、ヘルガに会えなくなるから。
（　）

6 よく出る ――線⑥のときのお父さんの気持ちに合うものを選びなさい。

ア 苦悩《くのう》
イ 憤《いきどお》り
ウ 期待
（　）

3 うれしかった
直後の文に注目。ヘルガを毎晩送っていくほど親しくなれたので、「僕」は「**うれしかった**」のである。

4 名前
直前の「それ以外のこと」の「それ」とは、その前にある**「僕」の名前**を指している。

5 ウ
当時ユダヤ人にはさまざまな制限が加えられていた。**「僕」がユダヤ人だとわかったら、ドイツ人であるヘルガとは交際できなかった**のだ。だから、「僕」は自分の素性《すじょう》をヘルガに話せなかったのである。

6 ア
息子《むすこ》の気持ちを理解しつつも、ユダヤ人に対する人種差別がある社会のため、息子の行動を注意せざるを得ないことに、お父さんは**苦悩している**のである。

漢字で書こう！ 答えは右ページ➡　①がまん　②さ（ける）　③きゅうか

テストに出る！

予想問題

次の文章を読んで、問題に答えなさい。

解答 p.3

30分

100点

「ヘルガは詩集を膝の上に載せていたんだけど、それは読まないで、僕をじっと見つめていた。そしてときどき、なんか尋《たず》ねた。①なんて答えたのか、覚えていない。ただもう緑のベンチが恐ろしくて、他のことは何も考えられなかった。

急に、ヘルガが立ち上がった。そして僕の腕《うで》に手をかけると、引っぱっていった。

いくらも行かないうちに、黄色のベンチのところに来た。《ユダヤ人専用》って書いてあるベンチさ。

ヘルガはそのベンチの前に立ち止まると、僕にきいたんだ。『このほうが落ち着いてかけていらっしゃれるの？』って。

僕はぎくりとした。②『どうしてわかったんだい？』

すると、③ヘルガは、その黄色いベンチに腰を下ろしたんだ！

そして、『そう思ったの！』と言った。なんでもないことのように、さらりと言ったんだ！

だけど、彼女と一緒《いっしょ》にユダヤ人用のベンチに座《すわ》ることなどできやしないだろ。僕は慌《あわ》ててヘルガを引っぱって立たせると、家に送っていった。せっかくの日曜日だったのに！　残念で残念で、大声をあげて泣きたかった。そのまま腕を組んで散歩を続けて、話し合うこともできたのかもしれないけど、僕はもうすっかり気が転倒してしまっていたんだ。

④ところが、家に送ってゆく間中《じゅう》、ヘルガは、ユダヤ人と一緒に

1 ――線①「なんて答えたのか、覚えていない。」とありますが、それはなぜですか。□にあてはまる言葉を文章中から抜き出しなさい。　5点×2〔10点〕

ⓐ□□□□が使うことを許されていないⓑ□色のベンチに座っていることで、落ち着かない気持ちになっていたから。

2 やや難 ――線②「どうしてわかったんだい？」とありますが、ヘルガにはどんなことがわかったのですか。書きなさい。〔20点〕

3 よく出る ――線③「ヘルガは、その黄色いベンチに腰を下ろしたんだ！」とありますが、この行動には、ヘルガのどのような考えが表れていますか。次から一つ選び、記号で答えなさい。〔10点〕

ア 「僕」のためなら、どんな困難にも立ち向かおうという考え。
イ 差別される側の気持ちも味わっておくべきだという考え。
ウ ユダヤ人のほうが、人間的にすぐれているという考え。
エ 「僕」がユダヤ人であっても気にしないという考え。

4 ――線④「ところが、家に……ふるまってくれるんだよ。」とありますが、ヘルガのこのようなふるまいを、「僕」はどう感じていますか。次から一つ選び、記号で答えなさい。〔10点〕

ア 周囲を気にしない態度にあきれ、不安になっている。
イ 不安そうな様子に同情し、申し訳なく感じている。
ウ 意外な反応に驚《おどろ》くとともに、感動している。
エ 無神経なふるまいにがっかりして、腹を立てている。

漢字を読もう！　①挨拶　②黙る　③玄関
←答えは左ページ

遊びに出かけたことなどなんでもないというふうにふるまってくれるんだよ。自分の家のことや、幼稚園の子どものことや、休暇のことなんか話してね。僕の手を取って、しっかり握《にぎ》りしめて、だよ。

家の前まで来ると、ヘルガは立ち止まった。そして、長いこと、じっと僕を見つめた。それから、こう言ったんだ。『⑤来週の日曜日も一緒にどこかへ行きましょう。町の公園じゃなくて、郊外の森に行きましょうよ。そうすれば、黄色いベンチなんてないわよ！』って。

⑥僕は、彼女に思いとどまらせようとしたんだけど、半分も聞かないで、さっと家の中に入ってしまったんだ。

そのあと、夕方から夜中まで、僕は町中をさまよい歩いた。家に帰った時は、外出禁止時間をだいぶ過ぎていた。誰《だれ》にも見つからなくて、引っぱっていかれなくてよかったよ。だけど、お父さんには、ひどく叱られた。

それから一週間、僕は行こうか行くまいか、ずいぶん迷った。⑦でも、日曜日、やっぱり行かなかった。行けないじゃないか！僕と一緒にいるところを見つかったら、彼女は収容所行きなんだもの！」

〔ハンス＝ペーター＝リヒター／上田《うえだ》 真而子《まにこ》訳「ベンチ」による〕

5 ——線⑤「来週の日曜日も……黄色いベンチなんてないわよ！」というヘルガの言葉には、「僕」とのつき合い方に対するどのような思いが込《こ》められていますか。考えて書きなさい。〔15点〕

□

6 ヘルガはどのような人物ですか。次から一つ選び、記号で答えなさい。〔10点〕

ア 偏見《へんけん》にとらわれず、相手とまっすぐ向き合う純粋《じゅんすい》な人物。
イ 周囲の意見を聞かずに、何事も自分勝手にふるまう人物。
ウ どんな人とも明るくつき合える社交的な人物。
エ 社会情勢を全く知らない世間知らずな人物。

□

7 ——線⑥「僕は、彼女に思いとどまらせようとした」とありますが、それはどんな思いからですか。次から一つ選び、記号で答えなさい。〔10点〕

ア ヘルガに、ユダヤ人の気持ちがわかるはずがないという思い。
イ ユダヤ人だと知られた以上、二度と会いたくないという思い。
ウ 大切なヘルガにまで危険をおよぼしたくないという思い。
エ お父さんに、これ以上心配をかけたくないという思い。

□

8 よく出る ——線⑦「でも、日曜日、やっぱり行かなかった。」とありますが、それはなぜですか。「収容所」という言葉を使って書きなさい。〔15点〕

□

漢字で書こう！ ①あいさつ ②だま(る) ③げんかん
答えは右ページ➡

教科書 p.62〜p.63／p.68〜p.69

全ては編集されている
漢字の広場2　画数と活字の字体

要旨《ようし》

◇メディアは、場面をカットしたり、順番を変えたり、特定のイメージを与《あた》えたりと、全てにおいて編集されている。編集の可能性と危険性を理解する必要がある。

5分間攻略ブック p.4

テストに出る！ ココが要点

メディアは全て編集されている（教 p.62〜p.63）▼**予想問題**

●さまざまな編集の技法

・できごとの順番を逆に編集する→原稿《げんこう》がちゃんとしていれば、嘘《うそ》にはならない。

・ある映像に別の映像をつなぐ→視聴《しちょう》者にイメージをもたせる。

ニュースもドキュメンタリーも、全ては編集されているのである。

テストに出る！ 予想問題

解答 p.4　30分　100点

1 次の文章を読んで、問題に答えなさい。

私がNHKに入ったのは一九七三年のことです。駆《か》け出し記者として、島根県松江《まつえ》市で警察や消防を担当していました。ある日のこと、島根県の消防学校の卒業式を取材しました。

最初に講堂で行われた卒業式は、学校長の式辞など、型どおりのものでした。でも、そこは消防学校。卒業式のあと、出動服に着《き》替《が》えた学生たちが、訓練で身につけた技術を披露《ひろう》するのです。

これを取材した私は、卒業式の様子から、順番に原稿《げんこう》を書いてデスクに提出しました。デスクとは、若い記者が書いた原稿をチェックするベテラン記者のことです。

私の原稿を読んだデスクは、「①原稿の順番を変えよう。」と言い

---

1 ——線①「原稿の順番を変えよう。」とありますが、デスクが順番を変えようと提案したのはなぜですか。□にあてはまる言葉を、文章中から七字で抜き出しなさい。〔10点〕

順番どおりの原稿では［　　　　　　　］から。

2 ——線②「原稿をうまく直します。」とありますが、デスクは原稿をどのように直しましたか。□にあてはまる言葉を、文章中から抜き出しなさい。10点×2〔20点〕

原稿に「ⓐ［　　　　　　］」という言葉をつけ加えて、ⓑ［　　　　　　］のことを先に書いた。

3 やや難 ——線③「映像をして語らしめる」とありますが、映像によってどのようなことができるのですか。「……ができる。」につながるように、「コメント」「イメージ」という言葉を使って書きなさい。〔15点〕

［　　　　　　　　　　］ができる。

漢字を読もう！　①索引　②廊下　③詣でる
←答えは左ページ

出しました。私の原稿は、できごとを順番に記していました。これでは、テレビの映像としておもしろくないというのです。まずは消防技術の披露の映像を見せて視聴《しちょう》者の興味をひき、そのあとで卒業式のことを伝えようというわけです。

順番を逆にしていいの？　などと私は疑問に思ったのですが、そこはベテランのデスク。②原稿をうまく直します。消防技術披露のことを先に書いたあと、「これに先立ち、消防学校では……」と直したのです。

これなら、まちがいではありませんね。順番を逆に編集しています、という説明にもなっています。そうか、順番を逆にしても、原稿がちゃんとしていれば、嘘《うそ》にはならないのだ。私は感心しました。ニュースも編集されている、というのは、例えばこういうことなのです。

編集の技法は、とりわけドキュメンタリーの場合に威力《いりょく》を発揮します。

例えば、ある結婚《けっこん》式のシーンだとします。結婚式の映像のあとに、美しい花の映像をつなぐと（これをイメージショットといいます）、幸せな結婚のイメージが伝わります。

ところが、結婚式の映像に、嵐《あらし》が近づく空の映像をつなぐと、波乱の結婚生活を予感させます。コメントをつけなくとも、視聴者が、そんなイメージをもってくれるのです。③映像をして語らしめる、とは、こういうことなのですね。

〔池上《いけがみ》彰《あきら》「全ては編集されている」による〕

4 よく出る　この文章の内容に合うものを次から一つ選び、記号で答えなさい。〔15点〕

ア　筆者は、島根県の消防学校の取材や結婚式のドキュメンタリーの編集の仕事を経験した。

イ　ドキュメンタリーと比べるとニュースは編集しにくいので、編集の技法の数は多くない。

ウ　筆者は消防学校の卒業式のことを最も伝えたかったので、最初に卒業式の様子を原稿に書いた。

エ　デスクは、筆者の原稿の順番を直すときに、嘘にならないように工夫《くふう》をこらした。

2 よく出る　**次の漢字の総画数を漢数字で書きなさい。**　5点×4〔20点〕

①　忌　②　郊

③　腰　④　拶

①	
②	
③	
④	

3 **次の文で、明朝《みんちょう》体にあてはまる説明にはAを、教科書体に当てはまる説明にはBを書きなさい。**　5点×4〔20点〕

①　画数を数えるときにわかりやすい活字である。

②　書かれた文字を基本にして作られた活字である。

③　新聞や本で一般《いっぱん》的に使われている活字である。

④　デザインを重視して作られた活字である。

①	
②	
③	
④	

漢字で書こう！　①さくいん　②ろうか　③もう（でる）

答えは右ページ➡

教科書 p.80〜p.84

「エシカル」に生きよう

要旨《ようし》

◇製品の消費者である私たちには、地球に生きる一員として、人や地球環境《かんきょう》に配慮《はいりょ》した「エシカル」な生き方をすることが求められている。

テストに出る！ ココが要点

今、注目される「エシカル消費」（教 p.81）➤**例題**

エシカル消費とは何か。

●人や地球環境《かんきょう》を犠牲《ぎせい》にしていない製品を購入《こうにゅう》すること。

●顔や背景（生産者の状況《じょうきょう》や製品が作られる工程）が見える消費。

●製品の過去、現在、未来を考えた消費。

クジラからのメッセージを受け取る（教 p.82〜p.84）➤**予想問題**

●プラスチックごみによる海洋汚染《おせん》が深刻な問題になっている。

●赤ちゃんクジラの胃の中から、プラスチックごみが発見される。

→プラスチック製ストローやレジ袋の利用廃止、回収へ。

●身近な問題に疑問をもち、想像力を働かせて考えてみる。

例題 今、注目される「エシカル消費」

皆さんは「エシカル」という言葉を聞いたことがありますか。エシカルとは、直訳すると「倫理的《りんり》な」という意味で、①**法律の縛《しば》りはない**けれども多くの人が正しいと思うこと、または社会的規範《きはん》をさす言葉です。最近、日本でも②「**エシカル消費**」が注目され始めています。ここでいうエシカルとは、人や地球環境《かんきょう》、社会、地域に配慮《はいりょ》した考え方や行動のことをいいます。つまり、エシカルな消費とは、人や地球環境の犠牲《ぎせい》の上に立っていない製品を購入《こうにゅう》することであって、いわば③「**顔や背景が見える消費**」ともいえます。

今、世界の緊急《きんきゅう》課題である、④**貧困《ひんこん》・人権・気候変動の三つの課題**を同時に解決していくために、この「エシカル」という概念《がいねん》が有効だといわれています。

1 ——線①の意味を選びなさい。

ア 法律で決められてはいない。

イ 法律を知っている人がいない。

ウ 法律を守らなくてもよい。

（　　）

2 よく出る ——線②とは、どういうことですか。

□□□□□□の□□によって作られたのではない製品を購入すること。

答えと解説

1 ア

ここでの「縛り」は、「**制限すること**」という意味。

2 人や地球環境・犠牲

——線②のあと、「**ここでいうエシカルとは**」→「**つまり、エシカルな消費とは**」と文章がつながっている。

漢字を読もう！ ①漁網 ②レジ袋 ③廃棄
←答えは左ページ

⑤**例えば**、Tシャツをエシカルな観点から購入するとは、どういうことでしょうか。働く農家にも、土壌《どじょう》にも優《やさ》しい有機栽培《さいばい》された綿を使って作られるオーガニックコットンのTシャツや、途上《とじょう》国の生産者に適正な価格を支払《しはら》い、彼らの生活改善と自立を目ざすフェアトレードのTシャツ、⑥**丈夫《じょうぶ》で長持ちする品質のよいTシャツ**、⑦**リサイクルが可能な素材を使用したTシャツ**、古着としても人気が出そうな飽《あ》きのこないデザインのTシャツなど、実に多様な選択肢《せんたくし》があります。

このように、エシカル消費とは、製品の過去、現在、未来を考えて消費をすることです。過去とは、製品が作られる工程が透明《とうめい》性をもってわかること。現在とは、手にしている製品を長く大切に使い続けること。未来とは、製品を手放すときに、地球環境に配慮した方法かどうかまでを考えること。私たちは製品を購入する際、その未来のことも考えて一生付き合っていく必要があります。

〔末吉《すえよし》 里花《りか》「『エシカル』に生きよう」による〕

3 ――線③は、どういうことを表していますか。

生産者の状況《じょうきょう》や作られる工程がわかる、[　][　][　]のある消費。

4 ――線④のうち、貧困を解決するためには、どのような製品を購入するとよいですか。

途上国の生産者に（　　　　）が支払われる製品。

5 よく出る ――線⑤「例えば」から始まる段落は、どのようなことを説明するためにあげた例ですか。二十字以内で抜き出し、初めと終わりの三字を書きなさい。

[　][　][　]～[　][　][　]こと。

6 ――線⑥・⑦を購入するとき、エシカル消費の観点では、それぞれ製品の**ア**過去・**イ**現在・**ウ**未来、のどれを考えたことになりますか。選びなさい。

⑥（　　）　⑦（　　）

3 透明性

「顔や背景が見える」とは、生産者や地球環境が犠牲になっていないかがわかることである。最後の段落で「**透明性をもってわかる**」ことと言い換えている。

4 適正な価格

「Tシャツをエシカルな観点から購入する」例に、途上国の生産者**が低賃金で働かされている**ことが読み取れる部分がある。

5 製品の～をする

あとの段落の初めに、「このように」とあることに着目。「例えば」のあとにあげた製品の購入は、製品の過去、現在、未来を考えた「**エシカル消費**」の例である。

6 ⑥イ　⑦ウ

⑥は「**長く大切に使い続けること**」ができる製品の例なので、「現在」を考えての購入、⑦は、現在の役目を終えて「**製品を手放し**」たあとの利用を考えた製品の例なので、「未来」を考えての購入。

漢字で書こう!　①ぎょもう　②(レジ)ぶくろ　③はいき

答えは右ページ➡

テストに出る！

予想問題

次の文章を読んで、問題に答えなさい。

解答 p.4

30分

100点

エシカルという観点から、今、世界規模で社会問題となっている①「プラスチックごみ」による海洋汚染《おせん》について考えてみましょう。私たちが購入《こうにゅう》する製品には、石油由来のプラスチックでできているものが少なくありません。海辺のごみの実態を把握《はあく》する市民調査である、国際海岸クリーンアップ（ICC）の結果では、七〇％以上は陸域で使用される生活ごみであることがわかりました。

また、国連環境《かんきょう》計画（UNEP）の報告書によると、世界には年間八〇〇万トンものプラスチックごみが海に流出しています。自然には分解しないプラスチック製の漁網やロープが、アザラシやウミガメに絡《から》まるという被害《ひがい》が頻発《ひんぱつ》しています。魚や海鳥がプラスチックごみを餌《えさ》とまちがえて食べても消化されません。使っているときには便利なプラスチックの特徴《とくちょう》が、ごみになったときに②深刻な問題を引き起こしているのです。

二〇一八年八月に③ショッキングなできごとがありました。神奈川県鎌倉《かまくら》市の由比《ゆい》ヶ浜《がはま》海岸にシロナガスクジラの赤ちゃんが打ち上げられ、胃の中からプラスチックごみが発見されました。母乳しか飲まないはずの赤ちゃんクジラが誤って飲み込《こ》んでしまうほど、海に多くのプラスチックごみが浮《う》いていることが推測できる、と専門家は分析《ぶんせき》しています。

2 よく出る ——線②「深刻な問題を引き起こしている」とありますが、深刻な問題はプラスチックのどのような特徴によって引き起こされますか。「……という特徴。」につながるように、文章中から抜き出しなさい。〔15点〕

［　　　　］という特徴。

3 ——線③「ショッキングなできごと」とありますが、どのようなことがショッキングだったのですか。次から一つ選び、記号で答えなさい。〔10点〕

ア　神奈川県鎌倉市の由比ヶ浜海岸の近くの海に、観光客が多くのプラスチックごみを捨てていること。

イ　由比ヶ浜海岸に打ち上げられたシロナガスクジラの赤ちゃんの胃の中から、プラスチックごみが発見されたこと。

ウ　シロナガスクジラの赤ちゃんがプラスチックごみを食べなければならないほど、海から餌がなくなっていること。

エ　神奈川県が、鎌倉市の由比ヶ浜海岸に打ち上げられたシロナガスクジラの赤ちゃんの件を宣伝に利用したこと。

［　］

4 やや難 ——線④「クジラからのメッセージ」とは、どのようなことですか。考えて書きなさい。〔20点〕

［　　　　］

漢字も読もう！　①彼ら　②法律　③紅茶
←答えは左ページ

神奈川県はこのできごとを「クジラからのメッセージ」④として受け止め、プラスチック製ストローやレジ袋の利用廃止、回収などの取り組みを広げていくことを宣言しました。この宣言を達成するためには、行政や企業《きぎょう》側の努力も必要ですが、そうした取り組みを私たち□が支えることも重要です。プラスチックごみによる海洋汚染の問題は、私たちが消費から廃棄までの行動を真摯《しんし》に考えることで、改善に導くことができるのです。

ここで考えてきたような問題を解決するためには、⑤見えないものを見ようとする力を育むことが大切です。身近な問題に疑問をもつところから始め、想像力をはたらかせてみる。たった一つしかない地球で、人間や他の生き物が暮らし続けられる環境を守るためにも、見えないものや他者へ思いをはせ、一人一人が自らの影響《えいきょう》を考えながら分かち合う心をもつことが求められています。

〔末吉《すえよし》 里花《りか》「『エシカル』に生きよう」による〕

1 ――線①「『プラスチックごみ』による海洋汚染」の説明として適切でないものを次から一つ選び、記号で答えなさい。〔15点〕

ア 海辺のごみの七〇%以上が、陸域で使用される生活ごみである。

イ 世界では、年間八〇〇万トンものプラスチックごみが海で回収されている。

ウ プラスチック製の漁網やロープがアザラシやウミガメに絡まるという被害が、多く発生している。

エ 魚や海鳥が、食べても消化されないプラスチックごみを餌とまちがえて食べてしまう。

□

5 文章中の□にあてはまる言葉を次から一つ選び、記号で答えなさい。〔10点〕

ア 労働者　**イ** 納税者

ウ 消費者　**エ** 責任者

□

6 ――線⑤「見えないものを見ようとする」について答えなさい。

(1) よく出る プラスチックごみによる海洋汚染を解決するためには、どのようなことを見ようとするとよいのですか。次から一つ選び、記号で答えなさい。〔15点〕

ア プラスチック製ストローやレジ袋の利用廃止や回収のために、どれだけの費用がかかるかということ。

イ プラスチックの原料である液体の石油が、どのようにして固体のプラスチックになるのかということ。

ウ プラスチック製ストローやレジ袋のようなプラスチック製品が、捨てられたあとでどうなるのかということ。

エ プラスチック製ストローやレジ袋を作るときに、どれだけの数の人間が関わってきたのかということ。

□

(2) 筆者は見えないものを見ようとするために、まずは何が必要だと述べていますか。三十字以内で書きなさい。〔15点〕

漢字で書こう！ ①かれ(ら)　②ほうりつ　③こうちゃ
答えは右ページ➡

森には魔法つかいがいる

教科書 p.88～p.97

要旨《ようし》

◆きれいな海を取り戻《もど》すには、森と川と海は一つだという価値観を共有し、森にいる魔法つかいの力を借りる必要がある。

5分間攻略ブック p.5

テストに出る! ココが要点

きれいな海を取り戻《もど》すには（教 p.90～p.92）▶例題

- 海をきれいにするには、森にも注目しなければならない。
- 大川《おおかわ》の流域を歩く→山や水田地帯の異変に気づく。
- 森と川と海は一つ、という価値観の共有が必要だと考える。
- “森は海の恋人《こいびと》”（漁師による森づくり）の運動を始める。

魔法つかいの正体（教 p.92～p.95）▶予想問題

- 森林は、海に鉄を供給している→鉄は、植物が葉緑素を作ったり、窒素やリン酸などを取り込《こ》んだりするのに必要。
- 森林の腐葉土《ふようど》で生まれる鉄（フルボ酸鉄）が川から海へ運ばれる→植物プランクトンが大量に発生し、豊かな海がよみがえる。

例題 きれいな海を取り戻《もど》すには

一九六二（昭和三十七）年、水産高校を卒業した私は、家業のカキ養殖《ようしょく》業を継《つ》いで、漁師になっていました。きれいな海を取り戻《もど》すにはどうしたらいいのだろう。――仲間たちと話し合っていて思い出したのは、中学生の時に聞いた“森には魔法つかいがいる”という今井《いまい》先生の言葉です。

私は、はっとしました。今まで海のほうばかり向いて考えていましたが、森を見なければいけないのではないかと気がついたのです。

そこで、気仙沼湾《けせんぬまわん》に注ぐ大川《おおかわ》の河口から上流に向かって歩いてみました。

やはり①**山が荒《あ》れていました**。山には、手入れのされていない杉林《すぎばやし》が広がっています。間伐《かんばつ》されない杉林に

1 よく出る 筆者は、海についてどのような問題意識をもっていましたか。

［　　　　　　　　］［　　　］にはどうしたらいいか。

2 筆者は、海の問題を解決するためにはどんなことが必要だと気がつきましたか。

（　　　　　　　　　　）

3 ――線①について答えなさい。

答えと解説

1 きれいな海を取り戻す

漁師になった筆者の心の中には、カキの養殖に適した**きれいな海を取り戻したい**という思いがあったのである。

2 例 森を見ること。

筆者は、「**森には魔法つかいがいる**」という今井先生の言葉をきっかけに気づいたのである。

3 (1) ウ

漢字を読もう! ①粒子 ②入り江 ③窒素
←答えは左ページ

は日の光が入らず、下草が生えていません。そのようなところには虫や鳥もいません。土はぱさぱさに乾《かわ》いています。大雨が降るとたちまち海に泥水が流れてくるのは、このためだとわかりました。

②**水田地帯に行ってみると、しいんとしています**。生き物の気配が感じられません。レイチェル＝カーソンが書いた『沈黙《ちんもく》の春』という本を思い出しました。農薬や除草剤《ざい》を大量に使うようになった農地から生き物が姿を消し、静かになってしまったというストーリーです。

私はそこで、川の流域に暮らしている人たちと、海で仕事をする漁師たちとの間で、「森と川と海は一つなのだ。」という価値観を共有しなければならないと思いました。

そのためにはどうすればいいのか、いろいろ考えて始めたのが、漁師による森づくり③〝**森は海の恋人《こいびと》**〟です。大川上流の室根山《むろねやま》に、落葉広葉樹を植える運動です。一九八九（平成元）年九月のことでした。

そしてその翌年、北海道大学の松永勝彦《まつながかつひこ》先生と出会い、森と海とをつなぐ科学的なメカニズムを知ることができたのです。「森林は海に鉄を供給する役目をしています。」と、松永先生は話し始めました。

〔畠山《はたけやま》 重篤《しげあつ》「森には魔法つかいがいる」による〕

(1) ――線①の説明としてあてはまらないものを選びなさい。

ア 杉林が手入れされていない。
イ 杉林に虫や鳥がいない。
ウ 土や木がぱさぱさに乾いている。
（　　）

(2) ――線①の結果、どのようなことが起こりますか。

大雨が降ると、たちまち海に（　　　）が流れてくる。

4 ――線②の理由を、筆者はどのように考えていますか。

□□□□□□が大量に使われているのではないか。

5 よく出る ――線③が表していることを選びなさい。

ア 自然は人間のように繊細《せんさい》であること。
イ 森と海が密接な関係にあること。
ウ 海よりも森のほうが重要であること。
（　　）

(2) 泥水

(1)**木**が乾いているかどうかは、文章中で説明されていない。(2)杉林に**手入れがされていない**と、日の光が地面のほうまで届かないので**下草が生えず、土も乾いてしまう**。その結果、大雨が降っても山に水がとどまることなく、**泥水が海まで流れ出てしまう**のである。

4 農薬や除草剤

筆者は、水田地帯の静かな様子に触《ふ》れて、『**沈黙の春**』に書かれていた内容と似たものを感じ取ったのである。

5 イ

――線③のあとに、「**森と海とをつなぐ**」という言葉があることに注目する。

漢字で書こう！ ①りゅうし ②い(り)え ③ちっそ
答えは右ページ➡

テストに出る！

予想問題

解答 p.5

30分

100点

次の文章を読んで、問題に答えなさい。

皆《みな》さんも、①鉄が人間にとって大切な栄養素であることは知っていますよね。

血液中にある赤血球は、鉄を含《ふく》んだ細胞《さいぼう》です。赤血球はその鉄に酸素をつけて、体のすみずみまで運んでいます。鉄は酸素と仲よしなのです。酸素のおかげで、私たちは脳をはたらかせ、体を動かすことができます。酸素を届けた赤血球は、今度は不要になった二酸化炭素を受け取り、肺から放出します。これが呼吸の仕組みです。

酸素や二酸化炭素をつけたり放したり、……こんな芸当をこれほどまで効率よくできるのは鉄だけです。

では、②植物と鉄とは、どのような関係にあるのでしょう。

皆さんは、植物が光合成をしているのは知っていますね。植物の緑色のもとである葉緑素が光合成を行っています。その葉緑素を作るのには、鉄が必要なのだそうです。

それから、植物が育つためには、肥料の中の窒素やリン酸などを取り込《こ》まなければなりません。そのときにも、鉄の助けが不可欠です。

鉄は、岩石や土の中に含まれています。実は、地球の目方の三分の一は鉄なのだそうです。地球は鉄の惑星《わくせい》なのです。

ところが、水に溶《と》けだした鉄は、酸素と出会うと粒子（粒々の塊《かたまり》）となって沈《しず》んでしまいます。ですから、海にはもともと鉄

---

1 ――線①「鉄が人間にとって大切な栄養素である」について答えなさい。

(1) 鉄の特徴《とくちょう》で、人間にとって重要なのはどのような点ですか。□にあてはまる言葉を、文章中から十七字で抜き出しなさい。〔10点〕

□□□□□□□□□□□□□□□□□できる点。

(2) 鉄のおかげで、人間はどのようなことができますか。「酸素」という言葉を使って書きなさい。〔15点〕

□

2 よく出る ――線②「植物と鉄とは、どのような関係にあるのでしょう」とありますが、植物はどんなときに鉄が必要なのですか。二つに分けて書きなさい。10点×2〔20点〕

□

□

3 ――線③「沈まない鉄」とは、何ですか。物質名を書きなさい。〔10点〕

□

漢字も読もう！ ①泥水　②魔法　③壊滅《めつ》

←答えは左ページ

が少なく、そのために植物プランクトンが少ないのです。
「けれど、③沈まない鉄があることがわかったのですよ！」
と、松永《まつなが》先生は言いました。

カキの餌《えさ》となる植物プランクトンも植物です。カキの養殖《ようしょく》場である河口では、周りの海に比べ、植物プランクトンがたくさん発生しています。ということは、そう！ ④川の水が、沈まない鉄を運んでいるということではないでしょうか。

「森林の腐葉土《ふようど》では、『フルボ酸』という物質が生まれます。フルボ酸が鉄に結びつくと、重い粒子にはならずに『フルボ酸鉄』となって、川の水に流されてきて、海中に浮遊《ふゆう》するのです。」

⑤〝森には魔法つかいがいる〟――魔法つかいの正体は、「フルボ酸鉄」だったのです。

そして、それからまた三十年が過ぎました。漁師による森づくりは現在まで続き、森は大きくなり、川もきれいになりました。流域の人々が同じ気持ちで川を汚《よご》さないように取り組んだ結果、豊かな海がよみがえっていました。

〔畠山《はたけやま》 重篤《しげあつ》「森には魔法つかいがいる」による〕

4 やや難 ――線④「川の水が、沈まない鉄を運んでいるということではないでしょうか。」とありますが、筆者がそのように考える理由を書きなさい。〔15点〕

5 ――線⑤「森には魔法つかいがいる」という言葉の意味を説明するとき、正しい順番になるように記号で答えなさい。完答〔15点〕

ア 森林の腐葉土から、フルボ酸が生まれる。
イ 植物プランクトンが増えた結果、海が豊かになる。
ウ 海中に浮遊するフルボ酸鉄により、植物プランクトンが大量に発生する。
エ 岩石や土の中の鉄がフルボ酸と結びつき、フルボ酸鉄となって川から海に流れ出してくる。

□ → □ → □ → □

6 よく出る この文章の内容に合うものを次から一つ選び、記号で答えなさい。〔15点〕

ア 鉄は、水の中で酸素と結びつくことで沈まないようになる。
イ 鉄のはたらきにより、海には良質な植物プランクトンだけが残った。
ウ 海を豊かにするためには、川で生じた鉄を利用する必要がある。
エ 海の豊かさは、沈まない鉄を作る森や運ぶ川によって成り立つ。

漢字で書こう！ 答えは右ページ➡ ①どろみず ②まほう ③かい(めつ)

教科書 p.98／p.275〜p.279

文法の小窓2　文の成分

確認

◇文の中で文を組み立てる部分を文の成分といい、主語・述語・修飾語《しゅうしょく》・接続語・独立語がある。文の成分は、さまざまな関係によって組み立てられている。

5分間攻略ブック p.19

テストに出る！ ココが要点

●文の成分(=文の中で文を組み立てる部分)

主語…「何が」「誰《だれ》が」にあたる文の成分。

述語…「どうする」「どんなだ」「何だ」「ある・いる」にあたる文の成分。

修飾語《しゅうしょく》…他の文の成分の意味や内容を詳《くわ》しくする文の成分。連用修飾語と連体修飾語に分けられる。

接続語…理由などを表して後の部分につながる文の成分。

独立語…他の部分から独立している文の成分。

連文節…複数の文節がひとまとまりになったもの。主部、述部、修飾部、接続部、独立部と「部」を使うこともある。

●文の成分の組み立て

主・述の関係…主語と述語との関係。

修飾・被《ひ》修飾の関係…修飾する文の成分と修飾される文の成分との関係。

接続の関係…接続語とそれにつながる部分との関係。

他にも次のような関係がある。

並立《へいりつ》の関係…二つ以上の文節が対等に並んでいる文節どうしの関係。例 雨と　雪が

補助の関係…実質的な意味を表す文節と、意味を添《そ》える文節(補助の文節)との関係。例 降って　くる

テストに出る！ 予想問題

解答 p.5

20分　100点

1 よく出る ——線の文の成分を書きなさい。　4点×5〔20点〕

① 七月七日、その日は七夕だ。
② 彼女はいつも親切だ。
③ 僕もその本を読んだよ。
④ かすかに歌声が聞こえる。
⑤ 春が来た。しかし、まだ寒い。

2 よく出る ——線はどのような関係になっていますか。あとから一つずつ選び、記号で答えなさい。　5点×4〔20点〕

① 走ったが、間に合わなかった。
② 急に、バタンとドアが閉まった。
③ 君こそクラス委員にふさわしい。
④ 九月になっても、暑い日が続く。

ア 主・述の関係　イ 修飾《しゅうしょく》・被《ひ》修飾の関係
ウ 接続の関係

漢字を読もう！　①発揮　②優勝　③困る
←答えは左ページ

例題

1 次の文から、それぞれの文の成分を抜き出しなさい。

はい、ご希望ならば、私が何でも教えます。

① 主語（　　）
② 述語（　　）
③ 修飾語《しゅうしょく》（　　）
④ 接続語（　　）
⑤ 独立語（　　）

2 次の文の主語には――線を、述語には〰〰線を引きなさい。

大きな鳥がゆっくりと空を飛ぶ。

3 ――線の二つの文節の関係を選びなさい。

① 疲《つか》れたので、休もう。（　　）
② 夕日が　ゆっくり　沈《しず》む。（　　）
③ 駅前に　銀行が　ある。（　　）

ア　主・述の関係
イ　修飾・被《ひ》修飾の関係
ウ　接続の関係

答えと解説

1 ①私が　②教えます　③何でも　④ご希望ならば　⑤はい

まず「**何が**」「**どうする**」にあたる文の成分（＝主語・述語）を見つけてから、他の文の成分について考える。③「何でも」は、「教えます」を修飾している。

2 主語…鳥が
述語…飛ぶ

文節にくぎって、述語から先に探すとよい。

3 ①ウ　②イ　③ア

①「疲れたので」は、あとに続く文の成分に対する**理由**を表している。②「ゆっくり」は、「**どのように**」沈むかを表している。③「銀行が」は主語。

---

3 〰〰線が修飾している文節に――線を引き、〰〰線が連用修飾語ならアを、連体修飾語ならイを書きなさい。　完答10点×2〔20点〕

① 私なら、もっと　速く　泳げます。
② できたての　温かい　料理を　食べる。

①（　　）　②（　　）

4 次の文には、並立《へいりつ》の関係か補助の関係のどちらかがあります。並立の関係にある文節には――線を、補助の関係にある文節には〰〰線を引きなさい。　5点×3〔15点〕

① 自分の　部屋を　整理して　おく。
② 今年の　冬は　あまり　寒く　ない。
③ 私は　英語も　数学も　大好きだ。

5 ――線の連文節の文の成分は何ですか。あとから一つずつ選び、記号で答えなさい。　5点×4〔20点〕

・①家に着けば、②熱いお茶を飲める。
・③クラスのみんなは④校門の方へ走っていった。

ア　主語（主部）　イ　述語（述部）　ウ　修飾語（修飾部）
エ　接続語（接続部）　オ　独立語（独立部）

①（　　）　②（　　）　③（　　）　④（　　）

6 やや難　**次の文は主語と述語が対応していません。主・述の関係に気をつけて書き直しなさい。**〔5点〕

この写真には、犬の表情がよく写している。

（　　　　　　　　　　）

漢字で書こう！　①はっき　②ゆうしょう　③こま（る）
答えは右ページ➡

教科書 p.110〜p.113

昔話と古典――箱に入った桃太郎《ももたろう》――

要旨《ようし》

◇江戸時代に始まった川柳《せんりゅう》の題材になるほど、昔から知られていた桃太郎や浦島《うらしま》太郎、かぐや姫《ひめ》の昔話は、ストーリーが一つだけではなく、さまざまな展開がある。

テストに出る！ ココが要点

川柳《せんりゅう》とは

- 江戸時代中期に始まった。
- 俳句と同じ五七五を基本とする。
- 季語や切れ字といった形式にとらわれず、自由な表現で作られる。

さまざまな古典

- 日本書紀《にほんしょき》…奈良時代に成立した歴史書。
- 万葉集《まんようしゅう》…奈良時代にまとめられた、日本に現存する最古の歌集。
- 竹取《たけとり》物語…平安時代に作られた、現存する最古の物語。

例題 川柳《せんりゅう》の題材になる昔話

A まだ桃《もも》は流れて来《こ》ぬに子は寝入り
B 真白《まつしろ》にⓐ**なつて**浦島《うらしま》くやしがり
C その後《のち》はⓑ**こはごは**翁《おきな》竹を割り

右の三句は、『誹風柳多留《はいふうやなぎだる》』に収められている江戸時代の川柳です。桃太郎や浦島太郎、かぐや姫《ひめ》の話が、当時も広く知られていたことがわかります。桃太郎の話は江戸時代の初期に成立して全国に広まりました。浦島太郎は、『日本書紀《にほんしょき》』や『万葉集《まんようしゅう》』などの奈良時代の書物に出てきます。また、かぐや姫の登場する『竹取物語《たけとりものがたり》』は、平安時代の初期に成立したものです。

これらの昔話は、時代や地域によって少しずつ異なって記録されています。各地に伝わる昔話を記録した『桃太郎の誕生』では、桃太郎の誕生の仕方一つを

1 よく出る 〜〜線ⓐ・ⓑを現代仮名遣《づか》いに直しなさい。

ⓐ（　　　） ⓑ（　　　）

2 よく出る A〜Cの川柳について述べたものを選びなさい。

ア 昔話の後日談をユーモラスに描《えが》いている。
イ 昔話が日常生活に溶《と》け込《こ》んでいる。
ウ 昔話の場面を言葉遊びをしながら描いている。

A（　　） B（　　） C（　　）

答えと解説

1 ⓐなって ⓑこわごわ

決まりを覚えておく。
ⓐなつて→なって
ⓑこはごは→こわごわ

2 Aイ Bウ Cア

A子どもに**昔話をして寝かしつけているところ**である。B普通くやしがる時は「真っ赤」になるが、浦島太郎が老人になったところから「真白」と言っているところにおもしろみがある。C翁は、また**竹の中に人がいるかもしれない**と思い、**おそるおそる竹を割っている**。

漢字を読もう！ ①若者 ②恩返し ③違う
←答えは左ページ

とっても違います。山形県では次のような話が伝わっています。

お婆《ばあ》さんが川で洗濯《せんたく》をしていると、小さな木の香箱《こうばこ》が二つ流れてきました。お婆さんは、

①**「かーらだこん箱はあっちゃ行《え》け、みーだこん箱はこっちゃ来《こ》え。」**

と歌いました。寄ってきた箱には桃が一つ入っていました。その桃が二つに割れて、中から男の子が生まれました。

②**桃太郎の話**はほかにも、さまざまな展開のものがあります。私たちがよく知っている話は、実は明治時代以降に、国語の教科書や子ども向けの本によって広まりました。

〔「昔話と古典――箱に入った桃太郎《ももたろう》――」による〕

3 Cが、かぐや姫の話を題材にしているのは、どのようなところから読み取れますか。

（　　　）が（　　　）ところ。

4 ――線①のように言ったときの、お婆さんの気持ちを選びなさい。

ア 桃太郎を助けてやりたいという気持ち。
イ 実が入った箱がほしいという気持ち。
ウ 何とか洗濯をさぼりたいという気持ち。

（　　）

5 この文章から、――線②についてどのようなことがわかりますか。

(1) 山形県に伝わる桃太郎の話では、川を流れてきた二つの（　　　）のうち、お婆さんに寄ってきたほうに入っていた（　　　）から（　　　）が生まれた。

(2) 現在よく知られている桃太郎の話は、（　　　）以降に広まった。

3 翁・例 竹を割る

『竹取物語』は、**翁**（おじいさん）**が竹の中から女の子を見つける話**である。

4 イ

お婆さんは、**中身が入った香箱**だけに"**こっちへ来い**"と言い、空の香箱については"あっちへ行け"と言っている。

5 (1)香箱（箱）・桃・男の子（桃太郎）　(2)明治時代

(1)『桃太郎の誕生』に記録されている、山形県に伝わる桃太郎では、**香箱に入っていた桃から桃太郎が生まれた**。(2)現在知られている桃太郎の話は、**明治時代以降**に、**国語の教科書や子ども向けの本**で広まった。

漢字で書こう！　①わかもの　②おんがえ（し）　③ちが（う）
答えは右ページ➡

物語の始まり——竹取《たけとり》物語——

主題

◇竹から生まれたかぐや姫が、貴族の若者たちや帝《みかど》からの求婚を断り、月へ帰る物語。幻想《げんそう》的な物語の中に、人間の欲望やずるさ、喜びや悲しみを描《えが》いている。

5分間攻略ブック p.6／p.16

テストに出る！ ココが要点

歴史的仮名遣《づか》い

- 語中・語尾《ごび》のは・ひ・ふ・へ・ほ→ワ・イ・ウ・エ・オ
- ア段＋う・ふ→オ段の長音(au→ô)
- イ段＋う・ふ→○ュウ(iu→yû)
- エ段＋う・ふ→○ョウ(eu→yô)
- ゐ・ゑ・を→イ・エ・オ
- ぢ・づ→ジ・ズ
- くわ・ぐわ→カ・ガ

古語の意味

現代では意味が異なったり、使われなくなったりした語がある。

作品

- 成立…平安時代の初め頃。
- 作者…わからない。
- 特徴《とくちょう》…現存する日本最古の物語。

例題　竹取《たけとり》物語

◈かぐや姫のおいたち◈

今は昔、①**竹取の翁《おきな》といふ者ありけり**。野山にまじりて竹を取りつつ、ⓐ**よろづ**のことに②**使ひけり**。名をば、さぬきの造《みやつこ》となむⓑ**いひける**。

その竹の中に、もと光る竹なむ一筋ありける。あやしがりて、③**寄りて見る**に、筒《つつ》の中光りたり。それを見れば、三寸ばかりなる人、いとⓒ**うつくしうて**ⓓ**ゐたり**。

[現代語訳]

今ではもう昔のことであるが、竹取の翁という者がいた。野や山に分け入っていつも竹を取っては、いろいろなことに使っていた。(翁の) 名は、さぬきの造

1 よく出る　～～線ⓐ～ⓓを現代仮名遣《づか》いに直しなさい。

ⓐ（　　　）　ⓑ（　　　）

ⓒ（　　　）　ⓓ（　　　）

2 ——線①に平仮名を一字補いなさい。

竹取の翁といふ者 □ ありけり。

答えと解説

1 ⓐよろず　ⓑいいける　ⓒうつくしゅうて　ⓓいたり

歴史的仮名遣いのきまりを覚える。
ⓐよろ**づ**→よろ**ず**
ⓑい**ひ**ける→い**い**ける
ⓒうつく**しう**て→うつく**しゅう**て
ⓓ**ゐ**たり→**い**たり

2 が

古文では、「は」「が」など(助詞という)が**省略される**ことが多い。語と語の関係から補うべき適切な言葉を考える。

漢字を読もう！　①落胆　②誰　③迎え

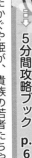

といった。

(ある日、)その竹の中に、根もとが光る竹が一本あった。不思議に思って近寄って見ると、筒の中が光っている。それを見ると、三寸ぐらいの人が、とてもかわいらしい姿で座《すわ》っている。

◈かぐや姫の昇天《しょうてん》◈

大空より、人、雲に乗りて下り来て、土より五尺ばかり上がりたるほどに⑤**立ち連ねたり**。これを見て、内《うち》外《と》なる人の心ども、ものにおそはるるやうにて、⑥**あひ戦はむ心もなかりけり**。

[「物語の始まり——竹取《たけとり》物語——」による]

3 ——線②・④の現代語訳にあたる部分を抜き出しなさい。

② (　　　)
④ (　　　)

4 よく出る ——線③は、誰の動作ですか。選びなさい。

ア 竹取の翁
イ 三寸ばかりなる人
ウ 作者
(　　)

5 ——線⑤は、誰の動作ですか。選びなさい。

ア かぐや姫
イ 月からの使いの人たち
ウ かぐや姫を守る兵士たち
(　　)

6 ——線⑥の意味を選びなさい。

ア 対戦しようという気持ちもなくなった。
イ 対戦しようという気持ちになった。
ウ 戦わずに何とかかぐや姫を取り戻《もど》そうと思った。
(　　)

3 ②使っていた ④かわいらしい姿で

古文では、「けり」「たり」など、**文末の表現も現代語と異なる**。古文と現代語訳を丁寧《ていねい》に対応させて読むことが大切。

4 ア

古文では**「誰が」にあたる言葉(主語)が省略される**ことが多い。ここでは、竹取の翁が根もとの光る竹を見つけ、不思議に思って、近寄って見てみたのである。

5 イ

「人」とは、かぐや姫を迎えに来た月からの使いの人々。**場面の状況《じょうきょう》から誰の動作かを判断する。**

6 ア

正確な意味を捉《とら》える。 地面から五尺のところに立ち並ぶ使いの人々を見て、家の内外にいる人々は何かに襲《おそ》われたようになり、戦う気持ちがなくなったのである。

漢字で書こう! ①らくたん ②だれ ③むか(え)
答えは右ページ➡

テストに出る!

予想問題

1 次の文章を読んで、問題に答えなさい。

解答 p.6

30分

100点

①今は昔、②竹取《たけとり》の翁《おきな》といふ者ありけり。野山にまじりて竹を取りつつ、よろづのことにⓐ使ひけり。名をば、さぬきの造《みやつこ》となむいひける。

その竹の中に、もと光る竹なむ一筋ありける。③あやしがりて、寄りて見るに、筒《つつ》の中光りたり。それを見れば、④三寸ばかりなる人、いとⓑうつくしうてゐたり。

〔「物語の始まり――竹取《たけとり》物語――」による〕

1 よく出る ～～線ⓐ「使ひけり」、ⓑ「うつくしうて」を現代仮名遣《づか》いに直して、すべて平仮名で書きなさい。 5点×2〔10点〕

ⓐ

ⓑ

2 ――線①「今は昔」の意味を次から一つ選び、記号で答えなさい。〔5点〕

ア 今も昔も変わらないことだが
イ いつのことかはわからないが
ウ 今ではもう昔のことであるが
エ 昔のことのように思われるが

2 次の文章を読んで、問題に答えなさい。

それから三年ほどたった年の春頃から、①かぐや姫はもの思いにふけるようになり、月を見て泣くことが多くなりました。翁《おきな》がその理由を尋《たず》ねると、姫は「私は月の都の者なのです。八月十五日には迎えが来て、月の都へ帰らなければなりません。」と答えました。翁からそのことを聞いた帝《みかど》は、②二千人の兵士を遣《つか》わして家を守り固めました。やがて、夜中の十二時頃、辺りが昼間よりも明るくなり、③大空から雲に乗って、天人《てんにん》たちが降りてきました。

大空より、④人、雲に乗りて下り来て、土より五尺ばかり上がりたるほどに立ち連ねたり。⑤これを⑥見て、⑦内外《うちと》なる人の心ども、ものにおそはるるやうにて、あひ戦はむ心もなかりけり。

〔「物語の始まり――竹取《たけとり》物語――」による〕

1 ～～線「あひ戦はむ」を現代仮名遣いに直して、すべて平仮名で書きなさい。〔5点〕

2 ――線①「かぐや姫はもの思いにふけるようになり」とありますが、それはなぜですか。書きなさい。〔5点〕

漢字を読もう! ①結婚 ②姫 ③渡す

←答えは左ページ

3 ――線②「竹取の翁」について答えなさい。

(1) 「翁」の名前を書きなさい。〔5点〕

(2) 「翁」は、竹を取って、その竹をどうしていましたか。現代語で書きなさい。〔10点〕

4 やや難 ――線③「あやしがりて」について答えなさい。

(1) 「あやしがりて」の意味を次から一つ選び、記号で答えなさい。〔5点〕

ア おもしろくなって　**イ** 恐ろしくなって

ウ 気味悪く思って　**エ** 不思議に思って

(2) どんなことに対して「あやしがりて」と感じたのですか。現代語で書きなさい。〔10点〕

5 ――線④「三寸ばかりなる人」は、どのような状態で竹の中にいましたか。次から一つ選び、記号で答えなさい。〔5点〕

ア とても悲しそうな姿でうずくまっていた。

イ とてもかわいらしい姿で座《すわ》っていた。

ウ とてもみすぼらしい姿で立っていた。

エ とても美しい姿でじっとしていた。

---

3 ――線②「二千人の兵士を遣わして」とありますが、何のためにこのようにしたのですか。書きなさい。〔10点〕

4 ――線③「大空から雲に乗って、天人たちが降りてきました」とありますが、この時、辺りはどのような様子になりましたか。書きなさい。〔5点〕

5 よく出る ――線④「人」、⑦「内外なる人」は、それぞれどのような人を表していますか。次から一つずつ選び、記号で答えなさい。5点×2〔10点〕

ア かぐや姫を月の都に帰すまいとする人。

イ 二千人もの兵士と戦おうとしていた人。

ウ かぐや姫に求婚しようと考えていた人。

エ 月の都からかぐや姫を迎えに来た人。

④

⑦

6 やや難 ――線⑤「これ」とは、どんなことを指していますか。書きなさい。〔10点〕

7 よく出る ――線⑥「見て」は誰の動作ですか。文章中から五字で抜き出しなさい。〔5点〕

漢字で書こう！ ①けっこん　②ひめ　③わた(す)

答えは右ページ➡

教科書 p.122～p.126

故事成語――中国の名言――

確認

◆中国の古典に記されている故事から生まれた短い言葉を「故事成語」という。「矛盾」と「助長」という故事成語の意味と由来を確認する。

別冊 5分間攻略ブック p.6／p.17

テストに出る！

ココが要点

漢文の学習で使われる用語

- 訓点《くんてん》…漢文につけられた句読点や送り仮名、返り点などのこと。
- 訓読法《くんどくほう》…漢文に訓点をつけ、日本語で読めるようにした方法。
- 書き下し文…訓読法に従って漢文を漢字仮名交じりに改めたもの。

漢文の読み方

返り点…日本語の語順で読むための符号《ふごう》。漢字の左下に書く。

- レ点…一字下から返って読む。 順序 1 3レ 2
- 一・二点…二字以上、下から返って読む。 順序 3二 1 2一

例題 矛で盾を貫《つらぬ》く

楚《そ》人《ひと》に、盾と矛とを ひさぐ 者 あり。これを ほめて ⓐいはく、「わが 盾の 堅《かた》き こと、①**よく とほす もの なし**。」と。また、その 矛を ほめて いはく、「わが 矛の 利《と》き こと、物に おいて とほさざる なし。」と。ある 人 いはく、「②**子**《し》の 矛を もつて、子の 盾を ⓑとほさば いかん。」と。その 人 応ふる こと あたはざるなり。

［現代語訳］

楚の国の人で、盾と矛とを売る者があった。これをほめて、「私の盾の堅いことといったら、［　　　］。」と言った。また、その矛をほめて、「私の矛の鋭いことといっ

1 よく出る 〜〜線ⓐ・ⓑを現代仮名遣《づか》いに直しなさい。

ⓐ（　　　） ⓑ（　　　）

2 ――線①について答えなさい。

(1) ――線①の意味を選びなさい。

ア いつでも貫いて穴があけられる。
イ 貫いて穴をあけられるものはない。
ウ 貫いたら穴があくかもしれない。
（　　）

(2) ――線①の「とほす」と反対の意味の言葉を抜き出しなさい。

（　　　）

答えと解説

1 ⓐいわく ⓑとおさば

きまりを覚えておく。
ⓐいはく→いわく
ⓑとほさば→とおさば

2 (1)イ (2)とほさざる

(1)「よく」は**可能**、「なし」は**打ち消し**の意味。
(2)「盾と矛とをひさぐ者」が、**盾をほめるときと矛をほめるとき**に**反対の**ことを言っていることに注目する。

漢字を読もう！ ←答えは左ページ ①苗 ②疲れる ③枯れる

たら、どんなものでも貫《つらぬ》いて穴をあけられないものはない。」と言った。
ある人が、「あなたの矛で、あなたの盾を貫こうとしたならばどうなるだろう。」と尋《たず》ねた。
③**その人は答えることができなかった。**

〔「故事成語――中国の名言――」による〕

3 ――線②が指している人を選びなさい。

ア 盾と矛とをひさぐ者
イ ある人
ウ 作者

（　　）

4 ――線③とあるのは、なぜですか。

もし貫けたならば、盾が（　　　）と言ったことがうそになるし、貫けなかったならば、矛が（　　　）と言ったことがうそになるから。

5 よく出る 故事成語「矛盾」の意味を選びなさい。

ア 人をだますのがうまいこと。
イ 強い者が最後に勝つこと。
ウ つじつまが合わないこと。

（　　）

3 ア

「**盾と矛とをひさぐ者**」の話を聞いた「ある人」が、「**あなた**の矛で、あなたの盾を貫こうとしたならばどうなるだろう。」と尋ねたのである。

4 堅い・鋭い

「盾と矛とをひさぐ者」は、**盾と矛の両方をほめることが成立しない**と気がついて、答えることができなかったのである。

5 ウ

貫き通せるものがない盾と、何でも貫き通せる矛の存在は両立することができないので、**つじつまが合わない。**

漢字で書こう！ ①なえ　②つか（れる）　③か（れる）
答えは右ページ➡

テストに出る！

予想問題

解答 p.6　30分　/100点

1 次の文章を読んで、問題に答えなさい。

楚人《そひと》に、盾と 矛とを ひさぐ 者 あり。①これを ほめて いはく、「わが 盾の 堅《かた》き こと、よく とほす もの なし。」と。

また、②その 矛を ほめて いはく、「わが 矛の ③利《と》き こと、④物に おいて とほさざる なし。」と。

ある 人 いはく、「子《し》の 矛を もつて、子の 盾を ⑤とほさば いかん。」と。

⑥その 人 応ふる こと あたはざるなり。

〔「故事成語――中国の名言――」による〕

1 よく出る ――線①「これ」とは、何のことですか。文章中から一字で抜き出しなさい。〔5点〕

2 ――線②「その 矛を ほめて いはく」という書き下し文になるように、正しく訓点をつけたものを次から一つ選び、記号で答えなさい。〔5点〕

ア 誉《ほ》メテレ其《そ》ノ矛ヲ曰《い》ハク
イ 誉《ほ》メテレ其《そ》ノ矛ヲレ曰《い》ハク
ウ 誉《ほ》メテ二其《そ》ノ矛ヲ一曰《い》ハク
エ 誉《ほ》メテ二其《そ》ノ一矛ヲ曰《い》ハク

---

3 次の文章を読んで、問題に答えなさい。

宋人《そうひと》に その 苗《なへ》の 長《ちやう》ぜざるを うれへ、これを ぬく 者 あり。①芒芒然《ばうばうぜん》として 帰《かへ》り、その ②人に いひて いはく、「今日《こんにち》 病《つか》れたり。予《われ》 苗を 助けて 長ぜしむ。」と。

③その 子 はしりて 往《ゆ》きて これを 視《み》れば、苗 則《すなは》ち かれたり。

〔「故事成語――中国の名言――」による〕

1 ――線①「芒芒然として」とは「すっかり疲れはてて」という意味ですが、疲れはてたのはなぜですか。次から一つ選び、記号で答えなさい。〔5点〕

ア 苗が伸《の》びないことをずっと心配していたから。
イ ずっと苗を引っぱって伸ばしていたから。
ウ 苗どうしの長さをずっと見比べていたから。
エ 伸びるのが止まった苗をずっと抜いていたから。

2 ――線②「人」とありますが、誰のことを指していますか。次から一つ選び、記号で答えなさい。〔5点〕

ア 隣人《りんじん》　**イ** 友人
ウ 医者　**エ** 家族

3 ――線③「その 子 はしりて 往きて」について答えなさい。

(1) やや難 「子」は、何をしに行ったのですか。〔5点〕

漢字を読もう！ ①矛盾　②猿　③鋭い
←答えは左ページ

3 ――線③「利き こと」の意味を次から一つ選び、記号で答えなさい。〔5点〕

ア 軽いこと　**イ** 丈夫《じょうぶ》なこと
ウ 鋭いこと　**エ** 便利なこと

4 やや難 ――線④「物に おいて とほさざる なし」とは、どのような意味ですか。「……ものはない。」につながるように書きなさい。〔10点〕

ものはない。

5 ――線⑤「とほさば いかん」の意味を次から一つ選び、記号で答えなさい。〔5点〕

ア 突き通してくれ。　**イ** 突き通してはいけないよ。
ウ 突き通せばいい。　**エ** 突き通すとどうなるだろう。

6 よく出る ――線⑥のように、「その 人」が答えることができなかったのはなぜですか。次から一つ選び、記号で答えなさい。〔5点〕

ア 自分の言うことを信じてくれない人に腹が立ったから。
イ 自分の話のつじつまが合わない点を指摘《してき》されたから。
ウ 「ある人」の質問の意味が全くわからなかったから。
エ 大事な商品なので、傷などつけたくなかったから。

2

よく出る **次の文を書き下し文に直しなさい。** 5点×2〔10点〕

① 有レバレ備ヘ無シレ憂《うれ》ヒ。

② 借《か》ル二虎ノ威《ゐ》ヲ一狐《きつね》。

(2) このときの「子」の気持ちを次から一つ選び、記号で答えなさい。〔5点〕

ア 意気込《ご》んでいる。　**イ** 慌てている。
ウ 期待している。　**エ** 諦《あきら》めている。

4 よく出る 故事成語「助長」の意味を次から一つ選び、記号で答えなさい。〔5点〕

ア 困っているものがいたら、助けてあげるのが当然であること。
イ どんなに賢《かしこ》い人間でも、たまには失敗することがあること。
ウ しなくてもよい手助けをして、かえって害を与《あた》えること。
エ 人に相談せずに、自分勝手に物事を進めてはいけないこと。

4

次の故事成語の意味をあとから一つずつ選び、記号で答えなさい。 5点×6〔30点〕

① 馬耳東風《ばじとうふう》　② 漁夫《ぎょふ》の利《り》　③ 杞憂《きゆう》
④ 一網打尽《いちもうだじん》　⑤ 五十歩百歩《ごじっぽひゃっぽ》　⑥ 大器晩成《たいきばんせい》

ア わずかな違いだけで、大差のない様子。
イ 他人の意見を気にかけないで聞き流すこと。
ウ 必要のないことをあれこれ心配すること。
エ 第三者が利益を横取りすること。
オ 大人物は大成するのに時間がかかるということ。
カ 一度に全部を捕《と》らえること。

①	③	⑤
②	④	⑥

漢字で書こう！ ①むじゅん　②さる　③するど(い)
答えは右ページ➡

蜘蛛《くも》の糸

教科書 p.128～p.137

主題

◆自分だけ地獄から抜け出そうとして、再び地獄に落ちた犍陀多《かんだた》。醜《みにく》い人間の弱さと天上のお釈迦様《しゃかさま》の慈悲を対比させながら、その両者を包み込《こ》む存在をも描《えが》いている。

5分間攻略ブック p.6

テストに出る！

ココが要点

蜘蛛《くも》の糸を上る犍陀多《かんだた》（教 p.131～p.133）➤予想問題

●地獄での出来事…犍陀多が、糸を上ってきた罪人たちに「下りろ。」とわめいたとたん、糸が切れて犍陀多も再び地獄に落ちる。

●極楽のお釈迦様《しゃかさま》…あさましく思われたのか、悲しそうな顔をする。

テストに出る！

予想問題

解答 p.7　30分　/100点

次の文章を読んで、問題に答えなさい。

すると、一生懸命に上ったかいがあって、さっきまで自分がいた血の池は、今ではもう闇の底にいつの間にか隠れております。それからあのぼんやり光っている恐ろしい針の山も、足の下になってしまいました。このぶんで上っていけば、地獄から抜け出すのも、存外わけがないかもしれません。犍陀多《かんだた》は両手を蜘蛛《くも》の糸に絡《から》みながら、ここへ来てから何年にも出したことのない声で、①「しめた。しめた。」と笑いました。ところが②ふと気がつきますと、蜘蛛の糸の下の方には、数かぎりもない罪人たちが、自分の上った後をつけて、まるで蟻《あり》の行列のように、やはり上へ上へ一心によじ上ってくるではございませんか。犍陀多はこれを見ると、驚いたのと恐ろしいのとで、しばらくはただ、③大きな口を開いたまま、目ばかり動かしておりました。自分一人でさえ切れそうな、

とする、犍陀多の無慈悲な心が、そうしてその心相当な罰を受けて、もとの地獄へ落ちてしまったのが、お釈迦様のお目から見ると、あさましくおぼしめされたのでございましょう。

〔芥川《あくたがわ》龍之介《りゅうのすけ》「蜘蛛《くも》の糸」による〕

1 よく出る　——線①「しめた。しめた。」とありますが、犍陀多はどのようなことを思って喜んでいるのですか。次から一つ選び、記号で答えなさい。〔15点〕

ア　誰も来ないから、自分だけが地獄から抜け出せるということ。
イ　地獄から抜け出すのは思いのほか簡単かもしれないということ。
ウ　たくさんの罪人の中で、自分がいちばん早く上っているということ。
エ　蜘蛛の糸は、極楽までつながっているにちがいないということ。

2　——線②「ふと気がつきますと」とありますが、犍陀多はどのようなことに気づいたのですか。書きなさい。〔15点〕

3　——線③「大きな口を開いたまま、目ばかり動かしておりました」とありますが、このとき犍陀多はどのような気持ちでしたか。次から二つ選び、記号で答えなさい。5点×2〔10点〕

漢字を読もう！　①道端　②一緒　③浮く
←答えは左ページ

この細い蜘蛛の糸が、どうしてあれだけの人数の重みに堪えることができましょう。もし万一途中で切れたといたしましたら、せっかくここへまで上ってきたこの肝腎な自分までも、もとの地獄へ逆落としに落ちてしまわなければなりません。④そんなことがあったら、大変でございます。が、そういううちにも、罪人たちは何百となく何千となく、真っ暗な血の池の底から、うようよとはい上がって、細く光っている蜘蛛の糸を、一列になりながら、せっせと上ってまいります。今のうちにどうかしなければ、糸はまん中から二つに切れて、落ちてしまうのにちがいありません。

そこで犍陀多は大きな声を出して、「こら、罪人ども。この蜘蛛の糸は俺《おれ》のものだぞ。おまえたちはいったい誰に聞いて、上ってきた。下りろ。下りろ。」とわめきました。

そのとたんでございます。今までなんともなかった⑤蜘蛛の糸が、急に犍陀多のぶら下がっている所から、ぷつりと音を立てて切れました。ですから犍陀多もたまりません。あっというまもなく風を切って、こまのようにくるくる回りながら、みるみるうちに闇の底へ、⑥真っ逆さまに落ちてしまいました。

あとにはただ極楽の蜘蛛の糸が、きらきらと細く光りながら、月も星もない空の中途に、短く垂れているばかりでございます。

お釈迦様《しゃかさま》は極楽の蓮池《はすいけ》の縁《ふち》に立って、⑦この一部始終をじっと見ていらっしゃいましたが、やがて犍陀多が血の池の底へ石のように沈んでしまいますと、悲しそうなお顔をなさりながら、またぶらぶらお歩きになり始めました。自分ばかり地獄から抜け出そう

ア 恐怖《きょうふ**》　イ 悲しみ　ウ 怒り《いか》
エ 不満　オ 驚き

□　□

4 ――線④「そんなことがあったら、大変でございます。」とありますが、犍陀多にとってどのようなことがあったら大変なのですか。次から一つ選び、記号で答えなさい。〔15点〕

ア 蜘蛛の糸を上って、多くの罪人が極楽に行くこと。
イ 蜘蛛の糸が切れて、たくさんの罪人たちが地獄に落ちること。
ウ 蜘蛛の糸を上ってきた罪人たちに、自分が地獄に連れ戻《もど》されること。
エ 蜘蛛の糸が切れて、自分がもといた地獄に落ちること。

□

5 やや難 ――線⑤「蜘蛛の糸が……音を立てて切れました」とありますが、この話の語り手は、蜘蛛の糸が切れたのは何に対する罰だと考えていますか。文章中から二十七字で抜き出し、初めと終わりの五字を書きなさい。〔15点〕

□□□□□ ～ □□□□□

6 ――線⑥「真っ逆さまに落ちてしまいました」とありますが、犍陀多はどこに落ちたのですか。文章中から五字で抜き出しなさい。〔15点〕

□□□□□

7 よく出る ――線⑦「この一部始終をじっと見ていらっしゃいました」とありますが、お釈迦様は犍陀多の行動をどのように感じたと考えられますか。文章中から五字で抜き出しなさい。〔15点〕

□□□□□ 感じた。

漢字で書こう！ ①みちばた　②いっしょ　③う（く）
答えは右ページ➡

河童《かっぱ》と蛙《かえる》

主題

◆満月の夜、山に囲まれた大河童沼で唄いながら踊る河童と、それをじっと見ている一匹の蛙という想像の世界を描《えが》いている。

5分間攻略ブック p.8

テストに出る!

ココが要点

詩の構成

九つの連からなり、内容から起承転結の四つに分けられる。

起 一・二連…河童《かっぱ》が踊り始める。

承 三・四連…河童が唄と踊りに熱中する。

転 五・六連…河童が突然水面に立ち、水中に没《ぼっ》する。↑踊りの最高潮

結 七～九連…静かになった大河童沼。蛙《かえる》が一《ひ》と声なく。

テストに出る!

予想問題

解答 p.7

30分　100点

◇ 次の詩を読んで、問題に答えなさい。

河童《かっぱ》と蛙《かえる》　草野《くさの》 心平《しんぺい》

るんるん　るるんぶ
るるんぶ　るるん
つんつん　つるんぶ
つるんぶ　つるん　一

①河童の皿を月すべり。
じゃぶじゃぶじゃぶ水をじゃぶつかせ。　二

……

つんつん　つるんぶ
つるんぶ　つるん

もうその唄もきこえない。
沼の底から泡がいくつかあがってきた。
兎《うさぎ》と杵《きね》の休火山などもはっきり映し。
月だけひとり。
動かない。　八

④ぐぶうと一《ひ》と声。
蛙がないた。　九

*一～九は、連の番号です。

1 第一・三・五・七連の「るんるん　るるんぶ……つるんぶ　つるん」について答えなさい。

(1) 何を表していますか。次から一つ選び、記号で答えなさい。〔10点〕

ア 河童の唄　イ 月の唄
ウ 蛙の踊り　エ 兎の踊り

(2) よく出る この四行が詩の中で繰《く》り返されることによって、どのような効果がありますか。次から一つ選び、記号で答えなさい。〔10点〕

ア ゆったりと壮大《そうだい》な印象を与える効果。
イ 長く間延びした感じを引きしめる効果。

かおだけ出して。
踊ってる。

るんるん　るるんぶ
るるんぶ　るるん
つんつん　つるんぶ
つるんぶ　つるん

大河童沼のぐるりの山は。
②ぐるりの山は息をのみ。
あしだの手だのふりまわし。
月もじゃぼじゃぼ沸《わ》いている。

るんるん　るるんぶ
るるんぶ　るるん
つんつん　つるんぶ
つるんぶ　つるん

立った。立った。水の上。
河童がいきなりぶるるっとたち。
天のあたりをねめまわし。
③それから。そのまま。

るんるん　るるんぶ
るるんぶ　るるん

三

四

五

六

七

ウ　明るく軽《かろ》やかな感じを与える効果。
エ　気持ちの移り変わりを描《えが》き出す効果。

2 ――線①「河童の皿を月すべり。」とは、どのような様子を表していますか。次の□にあてはまる言葉を詩の中から抜き出しなさい。　10点×3〔30点〕

ⓐ□の動きに合わせて、頭のⓑ□に映ったⓒ□がゆれ動く様子。

3 ――線②「ぐるりの山は息をのみ。」には、どのような表現技法が用いられていますか。次から一つ選び、記号で答えなさい。〔10点〕

ア　擬人《ぎじん》法　イ　倒置法
ウ　直喩《ちょくゆ》　エ　体言止め

4 よく出る ――線③「それから。そのまま。」とありますが、河童はこのあとどうしたと考えられますか。考えて書きなさい。〔15点〕

5 やや難 ――線④「ぐぶうと一と声。／蛙がないた。」は、どのようなことを強調していますか。次から一つ選び、記号で答えなさい。〔10点〕

ア　月夜の素晴《すば》らしさ。　イ　夜の不気味さ。
ウ　辺りの静けさ。　エ　河童の寂《さび》しさ。

6 河童の踊りが、最高潮に達したのは第何連ですか。漢数字で書きなさい。〔15点〕

第□連

漢字で書こう!　①あわ　②ぬま　③おど(る)
答えは右ページ➡

教科書 p.148～p.164／p.166／p.264～p.267

オツベルと象
言葉の小窓2　日本語の文字

主題

◆ずるがしこいオツベルは、ぶらっと訪《おとず》れた白象をだますが、最後は白象の仲間に殺される。白象の純真さ・善良さと人間の欲望とが対比的に描《えが》かれている。

5分間攻略ブック p.8

テストに出る！

ココが要点

オツベルにこきつかわれる象（教 p.154～p.155）▼例題

● 鎖《くさり》と分銅をつけて自由をうばいながら、何かと口実をつけて、象を働かせるオツベル。
● 象のえさが減らされる↓象の力を弱らせ、えさ代を節約している。
● 象は、オツベルを全く疑わず、労働に喜びを感じている。

弱っていく象と助けに来る仲間たち（教 p.156～p.159）▼予想問題

● 象の目が赤い竜の目になる↓きつい労働の疲れ・苦悩《くのう》。
● おとなしくて純真な象は、苦しいのにオツベルに従っている。
● ついに象が仲間に助けを求める手紙を書く。↓たくさんの仲間の象が集まり、すさまじい怒《いか》りを爆発《ばくはつ》させる。

例題　オツベルにこきつかわれる象

次の日、ブリキの大きな時計と、やくざな紙の靴とは破け、象は①**鎖と分銅**だけで、大喜びで歩いておった。「すまないが税金も高いから、今日はすこうし、川から水をくんでくれ。」オツベルは両手を後ろで組んで、②**顔をしかめて**象に言う。

「ああ、僕水をくんでこよう。もう何杯でもくんでやるよ。」

象は目を細くして喜んで、その昼過ぎに五十だけ、川から水をくんできた。そして菜っ葉の畑にかけた。

夕方象は小屋にいて、ⓐ**十把のわら**を食べながら、西の三日の月を見て、

「ああ、稼ぐのは愉快だねえ、さっぱりするねえ。」

と言っていた。

1 ——線①「鎖と分銅」をオツベルが象につけた目的を選びなさい。

ア 象の力をもっと強大にするため。
イ 象をすてきに見せるため。
ウ 象の自由をうばうため。（　　）

2 よく出る ——線②のように、オツベルが顔をしかめた理由を選びなさい。

ア 象に対してすまないと思っているから。
イ だまして働かせていることを象に悟られたくないから。
ウ 頼《たの》んだ作業を象ができるのかを心配しているから。（　　）

答えと解説

1 ウ

オツベルは、象の力を利用してもうけようとたくらんでいるが、同時に**その力を非常に恐れている。**そこで、鎖と分銅をつけて、**象の自由をうばった**のである。

2 イ

オツベルの表情や言葉と、本心との違いに注意する。**口実を設けて象を働かせようとすることを象に悟られまい**と、顔をしかめているのである。

漢字を読もう！　①嵐　②忙しい　③仰ぐ
←答えは左ページ

「すまないが税金がまた上がる。今日はすこうし、森から薪を運んでくれ。」オツベルは房《ふさ》のついた赤い帽《ぼう》子《し》をかぶり、両手をかくしに突っ込んで、次の日象にそう言った。

「ああ、僕薪を持ってこよう。いい天気だねえ。僕はぜんたい森へ行くのは大好きなんだ。」象は笑ってこう言った。

③**オツベルは少しぎょっとして**、パイプを手から危なく落としそうにしたが、もうその時は、象がいかにも愉快なふうで、ゆっくり歩きだしたので、また安心してパイプをくわえ、小さなせきを一つして、百姓どもの仕事のほうを見に行った。

その昼過ぎの半日に、象は九百把薪を運び、目を細くして喜んだ。

晩方象は小屋にいて、ⓑ**八把のわら**を食べながら、西の四日の月を見て、

「ああ、せいせいした。サンタマリア。」と、こう独り言したそうだ。

〔宮沢《みやざわ》賢治《けんじ》「オツベルと象」による〕

3 よく出る ――線③のように、オツベルがぎょっとした理由を選びなさい。

ア 象が森でなまけて仕事をしないのではないかと思ったから。

イ 象が仲間を連れてくるのではないかと思ったから。

ウ 象がそのまま森に逃《に》げてしまうのではないかと思ったから。（　　）

4 ～～線ⓐ・ⓑを見ると、わらの量が減っていますが、これは誰が何のためにしたことですか。

（　　　）が（　　　）の力を弱らせるとともに、えさ代を節約するためにしたこと。

5 この場面での象の様子に合うものを選びなさい。

ア オツベルを全く疑わず、労働に喜びを見いだしている。

イ オツベルの本心を知りながらも、楽しんで働いている。

ウ オツベルを信頼《しんらい》し、つらい仕事もなんとかこなしている。（　　）

3 ウ

オツベルは、「森へ行くのは大好き」という象の言葉を聞いて、**象が森へ逃げてしまうのではないかと不安になる。**が、その後の象の愉快そうな様子から、逃げるつもりではないと安心している。

4 オツベル・象

象に与えられるわらが、十把から八把に減っている。オツベルは、少ないえさでたくさん働かせて、**象の力を弱らせるとともに、えさ代を節約している**のである。

5 ア

象は、「愉快だねえ」「せいせいした」などと言って、**喜んで働いている。**オツベルのことを**疑っている様子は全く見られない。**

漢字で書こう！ ①あらし　②いそが(しい)　③あお(ぐ)

答えは右ページ➡

テストに出る！
予想問題

1 次の文章を読んで、問題に答えなさい。

解答 p.8　30分　100点

オツベルかね、そのオツベルは、俺《おれ》も言おうとしてたんだが、いなくなったよ。

①まあ落ち着いて聞きたまえ。前に話したあの象を、オツベルは少しひどくしすぎた。仕方がだんだんひどくなったから、象がなかなか笑わなくなった。ときには②赤い竜の目をして、じっとこんなにオツベルを見下ろすようになってきた。

ある晩、象は象小屋で、三把のわらを食べながら、十日の月を仰ぎ見て、

「苦しいです。サンタマリア。」と言ったということだ。

こいつを聞いたオツベルは、ことごと象につらくした。

ある晩、象は象小屋で、ふらふら倒れて地べたに座り、わらも食べずに、十一日の月を見て、

「もう、さようなら、サンタマリア。」と、こう言った。

「おや、なんだって？　さよならだ？」月がにわかに象にきく。

「ええ、さよならです。サンタマリア。」

「なんだい、なりばかり大きくて、③からっきし意気地のないやつだなあ。仲間へ手紙を書いたらいいや。」月が笑ってこう言った。

「お筆も紙もありませんよう。」象は④細ういきれいな声で、しくしくしくしく泣きだした。

「そら、これでしょう。」すぐ目の前で、かわいい子どもの声がした。象が頭を上げて見ると、赤い着物の童子が立って、すずりと紙をささげていた。象は早速手紙を書いた。

1 ――線①「まあ落ち着いて聞きたまえ。」とは、誰に対して言っているのですか。次から一つ選び、記号で答えなさい。〔10点〕

ア オツベル　**イ** 山の象ども
ウ ある牛飼い　**エ** 物語の聞き手

2 よく出る ――線②「赤い竜の目」に込められた象の心情を次から一つ選び、記号で答えなさい。〔10点〕

ア オツベルのひどい仕打ちに対する苦悩《くのう》や疲労。
イ オツベルが十分なえさをくれないことへの反抗《はんこう》。
ウ 自分のおかれた今の境遇《きょうぐう》へのなげきや諦《あきら》め。
エ オツベルに抵抗《ていこう》する力のない自分に対する失望。

3 ――線③「からっきし意気地のないやつだなあ」とありますが、月は象のどのようなところに対してこう言っているのですか。次から一つ選び、記号で答えなさい。〔10点〕

ア つらい状況《じょうきょう》に少しもたえようとせず、すぐに何もかも投げ出してしまうところ。
イ オツベルのことをおそれるあまり、手紙を書く勇気すらもてないでいるところ。
ウ いよいよ追いつめられても、助かるために自分から行動しようとしないところ。
エ 苦しい思いをしているのに、オツベルに自分の気持ちを伝えようとせずに黙っているところ。

4 よく出る ――線④「細ういきれいな声」とは、象のどんな性格を表していますか。次から一つ選び、記号で答えなさい。〔10点〕

ア 臆病《おくびょう》で、落ち着きのない性格。
イ おとなしくて、純真な性格。

漢字を読もう！　①鎖　②偉い　③斜め
←答えは左ページ

「僕はずいぶんめに遭《あ》っている。みんなで出てきて助けてくれ。」

童子はすぐに手紙を持って、林の方へ歩いていった。

赤衣《しゃくえ》の童子が、そうして山に着いたのは、ちょうど昼飯頃だった。この時、山の象どもは、沙羅樹《さらじゅ》の下の暗がりで、碁などをやっていたのだが、額を集めてこれを見た。

「僕はずいぶんめに遭っている。みんなで出てきて助けてくれ。」

象は一斉に立ち上がり、⑤真っ黒になってほえだした。

「オツベルをやっつけよう。」議長の象が高く叫ぶと、

「おう、出かけよう。グララアガア、グララアガア。」みんなが一度に呼応する。

さあ、もうみんな、嵐のように林の中を鳴き抜けて、グララアガア、グララアガア、野原の方へとんでいく。小さな木などは根こぎになり、やぶやなんかもめちゃめちゃだ。グワア　グワア　グワア　グワア、花火みたいに野原の中へとび出した。それから、なんの、走って、走って、とうとう向こうの青くかすんだ野原の果てに、オツベルの屋敷の黄色な屋根を見つけると、ⓐ象は一度に噴火した。グララアガア、グララアガア。その時はちょうど一時半、オツベルは皮の寝台の上で昼寝の盛りで、からすの夢を見ていたもんだ。あまり大きな音なので、オツベルの家の百姓どもが、門から少し外へ出て、小手をかざして向こうを見た。ⓑ林のような象だろう。汽車より速くやってくる。さあ、まるっきり、血の気もうせて駆《か》け込んで、

「だんなあ、象です。押し寄せやした。だんなあ、象です。」と、声を限りに叫んだもんだ。

〔宮沢《みやざわ》賢治《けんじ》「オツベルと象」による〕

ウ　欲深く、ずるがしこい性格。
エ　気が短くて、大胆《だいたん》な性格。

5　――線⑤「真っ黒になってほえだした」とありますが、象たちのほえる声を表す擬声《ぎせい》語を文章中から二つ抜き出しなさい。　10点×2〔20点〕

6　やや難　〰〰線ⓐ・ⓑは、それぞれ仲間の象のどのような様子を表していますか。次から一つずつ選び、記号で答えなさい。　10点×2〔20点〕

ア　象が静かに寄り集まる様子。
イ　象がたくさん集まっている様子。
ウ　象が立ったまま動かない様子。
エ　象の怒《いか》りがすさまじい様子。

ⓐ
ⓑ

2　**次の文字の説明にあたるものをあとから一つずつ選び、記号で答えなさい。**　5点×4〔20点〕

①　花　②　ハナ　③はな　④　ＨＡＮＡ

ア　漢字の書き始めや書き終わりの一部分を切り取って作られた。
イ　漢字の点画をくずした、行書や草書をもとに作られた。
ウ　中国から伝わってきた。
エ　ヨーロッパから伝わってきた。

①
②
③
④

漢字で書こう！　①くさり　②えら(い)　③なな(め)
答えは右ページ➡

教科書 p.172～p.177／p.182～p.183

子どもの権利
漢字の広場3 漢字の音と訓

要旨《ようし》

◆子どもが人権を学ぶことは、全ての人の命の尊さと平等を学ぶことであり、平和な社会を築くために必要なことである。

5分間攻略ブック p.10

テストに出る！ ココが要点

子どもに権利を教える理由（教 p.175～p.176）▶予想問題

●世界中で支配的だった考え方→子どもは大人の言うとおりにするべき。（子どもに権利なんか教えると大人の言うことを聞かなくなる。）

●筆者の主張→子どもが人権を学ぶことで、平和な社会が築ける。

テストに出る！ **予想問題**　解答 p.8　30分　100点

1 次の文章を読んで、問題に答えなさい。

ところで、私は高校生の時に、世界に貢献《こうけん》する国連の仕事がしたいと思いました。その後、自分の専門分野を、あらゆる人の生活や社会の仕組みに関わる法律にしようと決め、司法試験を受けて、弁護士になりました。その過程で、人権について勉強し、人権侵害《しんがい》や差別が起こらないようにするための方策について考えるようになりました。

しかし、高校生の頃は、国連で働きたいと言いながら、国連について漠然としたイメージしかなく、その具体的な活動について、実はほとんど知らなかったのです。弁護士になってから、初めて、国連が人権の分野で大きな役割を果たしてきたことを知り、夢中になって国連と人権について調べ、勉強しました。そして、国連は、人類が起こした二度の世界大戦の悲惨《ひさん》な経験を踏まえ、将来

---

1 国連について、筆者が弁護士になって初めて知ったこととはどのようなことでしたか。文章中から抜き出しなさい。〔10点〕

□

2 よく出る 国連についての説明として適切でないものを次から一つ選び、記号で答えなさい。〔10点〕

ア 子どもの権利条約をきっかけに国際人権条約を作った。
イ 将来の世代を戦争の惨害から救うために設立された。
ウ 二度の世界大戦のあと、一九四五年に設立された。
エ 人権の保障を目的の一つに掲げて活動してきた。

□

3 よく出る ――線①「違いのある一人一人」とありますが、どのような違いを例としてあげていますか。□にあてはまる言葉を、文章中からそれぞれ抜き出しなさい。6点×3〔18点〕

・人種や民族、性別による ⓐ□ の違い。
・生まれた国ごとの ⓑ□ や置かれた状況の違い。
・人が育つ ⓒ□ の違い。

漢字を読もう！ ①虐待 ②蛇口 ③奪う
←答えは左ページ

の世代を戦争の惨害から救いたいとの決意から一九四五年に設立されたことを知りました。人種、性別、言語、宗教による差別なく、全ての人の人権が保障されることが平和の基礎《きそ》であるとの確信から、人権の保障を目的の一つに掲《かか》げ活動してきたことも知りました。子どもの権利条約も、国連の活動の中で作られた国際人権条約の一つです。

人はみな、人種や民族、性別などによる外見の違いがあります。同じ生まれた国によって話す言葉も置かれた状況《じょうきょう》も異なります。同じ国の中でも育つ家庭環境《かんきょう》はさまざまです。そうしたそれぞれ①違いのある一人一人が集まって社会を作っています。その違いを認め合い、意見が異なるときも、対話によって解決し、自分と違う立場にいる人の気持ちや心の痛みを想像するといった、日常の生活の中での努力が平和な社会を築くことにつながります。

しかし、どれだけの大人、子どもがこの子どもの権利条約を知っているでしょうか。大人の中には、②子どもに権利なんて教えると大人の言うことを聞かなくなる、自己中心的で権利主張ばかりするわがままな人間になると心配する人もいます。しかし、子どもの権利条約では、子どもの教育の目的を、子どもが人権を尊重し、他者への理解、平和や寛容《かんよう》、男女の平等を学び身につけ、責任ある大人になるための準備にあると定めています。子どもが人権を学ぶことは、自分を含む全ての人の命の尊さと平等を学ぶことであり、自分を大切にすると同時に、他人を思いやり、平和な社会を築くために必要なのです。

〔大谷《おおたに》美紀子《みきこ》「子どもの権利」による〕

4 やや難 ――線②「子どもに権利なんて教えると……わがままな人間になる」という考えに対して、筆者はどのような考えを主張していますか。「子どもが」から書き始め、「人権」「社会」という言葉を使って、三十字以内で書きなさい。〔20点〕

5 子どもの権利条約では、子どもの教育の目的を何であると定めていますか。文章中から五十四字で探し、初めと終わりの五字を書きなさい。〔10点〕

〜

2 よく出る 次の熟語の読みは、A重箱読み、B湯桶《ゆとう》読みのどちらですか。それぞれ記号で答えなさい。 4点×8〔32点〕

① 福袋　② 豚肉　③ 役場　④ 雑煮
⑤ 見本　⑥ 野宿　⑦ 歩幅　⑧ 稲作

①	②	③	④
⑤	⑥	⑦	⑧

漢字で書こう！ ①ぎゃくたい　②じゃぐち　③うば（う）
答えは右ページ➡

学びのチャレンジ

確認

◇図やグラフなどが添えられた文章を読むときは、図やグラフと文章の対応を確認しながら、文章の内容を理解する必要がある。

テストに出る！ **ココが要点**

さまざまな資料を読み解く（教 p.187～p.198）➤予想問題

- 問題1…図やグラフからわかることを捉える。
- 問題2…様子や心情を表す表現に着目する。
- 問題3…何を参考に文章が書かれているのかを捉える。

テストに出る！ 予想問題

解答 p.9　40分　100点

1 教科書の次の部分を読んで、問題に答えなさい。

教科書 187ページ～188ページ・190ページ

1 教 187ページ【図1】のグラフからわかることを次から一つ選び、記号で答えなさい。〔10点〕

ア ハナアブ・ハエの仲間は、アキノキリンソウよりもヤマハハコのほうに多く訪《おとず》れた。

イ オオバスノキには、ハナバチの仲間か、ハナアブ・ハエの仲間しか訪れなかった。

ウ ハナバチの仲間が最も訪れたのは、シャジクソウである。

2 教科書の次の部分を読んで、問題に答えなさい。

教科書 191ページ～193ページ

1 教 192ページ上12行「胸に黒いインクが一滴《いってき》落ちて広がった。」とありますが、この表現から未来《みく》のどのような気持ちが伝わりますか。次から二つ選び、記号で答えなさい。5点×2〔10点〕

ア 咲《さき》をうらやましく思う気持ち。

イ 咲に励まされる気持ち。

ウ 咲に腹を立てる気持ち。

エ 咲に引け目を感じている気持ち。

オ 咲を誇《ほこ》りに思う気持ち。

□　□

2 教 193ページの［　　］の場面には、未来のどのような様子が描《えが》かれていますか。次から一つ選び、記号で答えなさい。〔10点〕

ア 悩《なや》みが吹っ切れた様子。

イ 咲に腹を立てている様子。

ウ 気持ちが焦《あせ》っている様子。

エ 自信を取り戻《もど》した様子。

□

漢字を読もう！　①人影　②励ます　③握る

←答えは左ページ

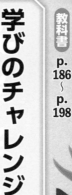

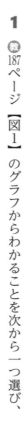

エ　四種類全ての昆虫が訪れたのは、グンナイフウロだけである。

2 教188ページ【図2】について答えなさい。

(1)【図2】は、何の花の断面図ですか。次から一つ選び、記号で答えなさい。〔10点〕

ア　アキノキリンソウ
イ　ヤマハハコ
ウ　オオバスノキ
エ　グンナイフウロ
オ　シャジクソウ

(2) やや難 何のために図で示したと考えられますか。〔10点〕

3 よく出る 教188ページ上8行「こうした偏《かたよ》りはなぜ起きたのだろうか。」という問いに対する答えが書かれているのは第何段落ですか。漢数字で答えなさい。〔10点〕

第　　段落

4「ハナバチ」と「ハナアブ」の体の構造の違いについて図書館で調べるとき、どこに分類される本を探せばよいですか。教190ページの【日本十進分類法　区分表の一部】の数字で答えなさい。〔10点〕

3 よく出る 未来は、自信をもつために何をしようと思ったのですか。〔10点〕

3 教科書の次の部分を読んで、問題に答えなさい。

教科書 195ページ ～ 教科書 198ページ

1 教195ページ【文章の下書き】の中で、教196ページの【花岡《はなおか》先生の返答】と【島田《しまだ》先生の返答】を参考にして書かれているのは、第何段落ですか。①～④の段落番号で答えなさい。〔10点〕

第　　段落

2 よく出る 教198ページ【資料二】のグラフから、「食べれない」「来れますか」「考えれない」の三つの「ら抜き言葉」について、どのようなことがわかりますか。「考えれない」と、他の二つの言葉を比べる形で書きなさい。〔10点〕

漢字で書こう！　①ひとかげ　②はげ(ます)　③にぎ(る)
答えは右ページ➡

言葉がつなぐ世界遺産

要旨《ようし》

◆世界遺産に登録された日光社寺群では、「修復記録の蓄《ちく》積《せき》」と「世代を超《こ》えた技術の伝承」によって、建物や彫刻の輝《かがや》きを守り続けている。

5分間攻略ブック p.11

テストに出る！ ココが要点

修復記録の蓄積《ちくせき》（教 p.204～p.206）▶例題

「修復記録の蓄積」とは、どのようなものかを捉える。

- 見取り図…実物と同じ大きさや色合いで描かれている。余白には、修復のための指示が文字で書き留められていた。
- 彫刻とその技法を後世に伝えていくには言葉による情報が不可欠。

世代を超《こ》えた技術の伝承（教 p.207～p.209）▶予想問題

「世代を超えた技術の伝承」とはどのようなものかを捉える。

- 繊細な技術を言葉で受け渡す。→自分の技術へと高める。
- 江戸時代から連綿と技術を伝承してきた職人の連なりの最後尾。

→長い技術伝承の鎖の一つということを意識。

例題 修復記録の蓄積《ちくせき》

その一つは、「修復記録の蓄積」である。

日光社寺文化財保存会の浅尾《あさお》和年《かずとし》さんに、その一部を見せていただいた。目の前に広げられたのは、一匹の竜が描かれた、畳一畳《たたみいちじょう》ほどの大きさの和紙だった。①**見取り図**と呼ばれるものである。浅尾さんによると、実物の彫刻と同じ大きさや色合いで描かれているという。迫力に満ちた、色鮮やかな竜である。

そして、余白には、修復のための指示が細かな筆文字で書きこまれていた。確かに、彫刻の絵を正確に描くことで、形や色は描《か》き留めることができる。しかし、細かな技法や微妙な色合いなどの表現方法は、絵だけで完全に伝えることは難しい。絵で伝えることの困難な情報を、後世の職人が見たときにもわかるよう、丁《てい》

1 ——線①について答えなさい。

(1) ——線①にあてはまるものを選びなさい。

ア 大きさは実物と同じだが、色合いは異なるものが描かれている。

イ 実物を縮小した大きさで、色合いは同じものが描かれている。

ウ 実物と同じ大きさや色合いで描かれている。

（　　）

(2) よく出る ——線①の余白には何が書きこまれていましたか。

筆文字で書かれた、[　　]の

答えと解説

1 (1) ウ (2) 修復 (3) 難しい

(1) 直後の「**浅尾さんによると……**」の文に注目。**大きさも色合いも実物と同じである**ことを捉える。

(2) 次の段落の「**そして、余白には、……書きこまれていた。**」に注目する。

(3) 「**しかし、……絵だけで完全に伝えることは難しい。**」とある。絵を見ただけでは、どんな技法を用いて描くのか、微妙な色合いをどう表現するのかなど、**細かいことがわからないから、言葉で書いて残す**のだ。

漢字を読もう！ ①装飾 ②漆 ③環境
←答えは左ページ

寧《ねい》に文字で書き留めていたのである。

　見取り図の一枚には、五重塔の軒下に据えられた、十二支のとらが描かれていた。余白の指示は、鼻、目、耳と、部分ごとに二十あまりに及《およ》んでいる。

「目《め》　朱《しゅ》ノク、リ」（目の外側の輪郭は、朱色で囲む。）

「中《なか》　白群地《びゃくぐんじ》二元《もと》ヨリ群青《ぐんじょう》ヲフカス」（目の白い部分は、水色地に濃い青で縁《ふち》をぼかす。）

「ヒトミ　朱土《しゅど》、ク、リ星《ほし》　墨《すみ》」（瞳は茶色で塗り、輪郭と中心の部分は黒色で塗る。）

　書き記された情報に従えば、完全に元どおりのものを描くことができるという。その指示が、職人にとっては何よりも頼りになる修復の手がかりなのだ。

「[ ]、色の境目をぼかしながらグレーから白に徐々《じょじょ》に変えていくというような技法がありますが、そうした技法で描かれていることを、②ここに書きこんでいきます。絵の具を何度も塗り重ねて盛り上げ、立体感を出す置き上げという技法などもそうです。この絵だけですと、平面的な彩色なのか、置き上げなのかわからないわけです。ですから、これは立体的な模様だということを、情報として書きこまなくてはならないのです。」

　先人から私たちへ、そして私たちから未来へと受け渡していくために、③**言葉による情報が欠かせない**のだと、浅尾さんは語ってくれた。

［橋本《はしもと》　典明《のりあき》「言葉がつなぐ世界遺産」による］

ための指示。

(3)　細かな指示が書かれているのはなぜですか。

細かな技法や表現方法を、絵だけで伝えるのは[ ]から。

2　文章中の[ ]にあてはまる言葉を選びなさい。

ア　だから　**イ**　しかし

ウ　または　**エ**　例えば　（　）

3　――線②とは、どこですか。

[ ]の中の[ ]。

4　よく出る　――線③とありますが、何のために欠かせないのですか。選びなさい。

ア　先人が残したものとは異なるものを、後世の人たちに伝えるため。

イ　先人から受け継《つ》いだものを後世の人へと受け渡していくため。

ウ　先人が犯した過《あやま》ちを、後世の人たちに繰《く》り返させないため。（　）

2　エ

浅尾さんは、ここで**具体例をあげながら**、細かな指示を余白に書きこむ必要性を説明している。

3　見取り図・余白

第二段落に出てくる「**見取り図**」の「**余白**」に書きこまれていた**修復のための指示の説明**が、直前まで続いていることを捉える。

4　イ

直前の「**先人から私たちへ、そして私たちから未来へ**」に注目する。**先人から受け継ぎ、それを後世の人に受け渡すために**、修復の記録は欠かせないのだ。

漢字で書こう！　①そうしょく　②うるし　③かんきょう

答えは右ページ➡

テストに出る！

予想問題

解答 p.9　30分　100点

次の文章を読んで、問題に答えなさい。

しかし、どんなにすばらしい見取り図があっても、それをもとに修復できる技術者がいなければ、①日光の世界遺産を保存し続けることはできない。

そこで二つめにあげられるのが、「世代を超《こ》えた技術の伝承」である。

現代では、日光ほどの装飾を社寺に施《ほどこ》すことはきわめて少ない。加えて、継承《けいしょう》者が減少し、昔ながらの材料も確保しにくいため、②技術の伝承はいっそう難しくなっている。そうした中、日光では、日光社寺文化財保存会の技術者たちが、まさに③口移しで彩色技術の詳細を伝えながら、修復を行っている。

手塚茂幸《てづかしげゆき》さんは、彩色を始めて六年めになるという。この道四十年近くになる澤田了司《さわだりょうじ》さんの指導を受けながら、彫刻の細部に丁寧《ていねい》に色をつけていた。

日光では、創建当時から彩色に岩絵の具や金箔《きんぱく》が使われてきた。多彩に見えるが、実際に使われている絵の具は、十種類にも満たない。微妙に混ぜ合わせ、また、立体的な置き上げ技法による陰《いん》影《えい》などを利用して、複雑な色彩を生み出している。さらに、その日の湿度や温度によっても、絵の具の溶《と》き方をきめ細かく変え、微妙な色合いを確かめながら、彫刻の一つ一つの部分を丁寧に塗らなければならない。実に④繊細な技術は、師匠《ししょう》から弟子に、丁寧に説明され受け継《つ》がれていく。この日も、師匠である澤田さんの

1 この文章中では、どのようなことが話題になっていますか。次の文の□にあてはまる言葉を文章中から十一字で抜き出しなさい。〔10点〕

「　　　　　　　　　　　」とはどのようなことかということ。

2 ――線①「日光の世界遺産を保存し続けることはできない」とありますが、それはどのような場合ですか。〔15点〕

3 よく出る ――線②「技術の伝承はいっそう難しくなっている」とありますが、それはなぜですか。三つ書きなさい。5点×3〔15点〕

4 よく出る ――線③「口移し」とは、どのようなことを表していますか。次から一つ選び、記号で答えなさい。〔15点〕

ア　言葉で、直接説明して伝えること。
イ　説明を文字で書いておくこと。
ウ　文字を見ながら言葉で説明すること。
エ　何度も何度も説明すること。

漢字を読もう！　①瞳　②審査　③濃い

←答えは左ページ

言葉を、噛《か》みしめながら聞いている手塚さんの姿があった。ここでもまた、技術を受け渡していくのは、言葉なのである。

「(教えられたことを)⑤自分の肌でつかんで、初めてできるようになると思います。それまではまだまだ修行《しゅぎょう》です。」と、作業の手を止めることなく、手塚さんは語った。

言葉で教えられたことを自分の技術へと高めていく。彼らが受け継がなければ失われる技術であるだけに、手塚さんの言葉はとても重みのあるものに感じられた。

もう一つ、⑥二人のやりとりをうかがっていて印象深く感じたことがある。それは、これがただ師弟の間だけで技術を受け渡すのではないということだ。師匠の澤田さんにしても、江戸時代から連綿と技術を伝承してきた職人の連なりの最後尾にいるにすぎない。そしてその連なりは、弟子の手塚さんを経て、おそらく顔を見ることもない幾《いく》世代もの後の職人たちへと続いていく。二人は、こうした長い技術伝承の鎖の一つなのだということを、強く意識しているという。

〔橋本《はしもと》 典明《のりあき》「言葉がつなぐ世界遺産」による〕

5 ——線④「繊細な技術」についての具体例が書かれた連続する二文を文章中から抜き出し、一文めの初めの五字を書きなさい。〔15点〕

□□□□□

6 ——線⑤「自分の肌でつかんで……まだまだ修行です。」という手塚さんの言葉を、筆者はどのように感じていますか。次の文の□にあてはまる言葉を文章中から抜き出しなさい。10点×2〔20点〕

弟子たちが受け継がなければⓐ□□□□技術であるから、手塚さんの言葉はとてもⓑ□□□□ものだと感じている。

7 やや難 ——線⑥「二人のやりとりをうかがっていて印象深く感じたこと」とは、どのようなことですか。次から一つ選び、記号で答えなさい。〔10点〕

ア 技術の受け渡しは師弟の間だけではなく、過去から未来へとずっとつながっているということ。

イ 二人が行っている技術の受け渡しは、先人から受け継がれ、二人の代で完成するものだということ。

ウ 二人の師弟関係は、これから今まで以上に強くつながっていくということ。

エ 二人は、昔から受け継がれてきた技術が失われてしまうのをとても残念に感じているということ。

□

漢字で書こう！ 答えは右ページ➡ ①ひとみ ②しんさ ③こ(い)

地域から世界へ ——ものづくりで未来を変える——

テストに出る! ココが要点

村瀬《むらせ》さんが行ってきたこと（教 p.213〜p.215）➤ 予想問題

- 「有松《ありまつ》・鳴海絞り《なるみしぼ》」を欧米《おうべい》の各地で紹介《しょうかい》。
- 海外での商品開発や宣伝に加え、技法にも工夫。
- 地元の子どもたちにも、「絞り」の技術を紹介。

要旨《ようし》

◇伝統を大切にしつつも新しい視点を取り入れることで「伝統的な工芸品」を新たな需要《じゅよう》へつなげた人たちがいる。

テストに出る! 予想問題

解答 p.10

30分 100点

次の文章を読んで、問題に答えなさい。

一九九二（平成四）年、日本で「第一回 国際絞り《しぼ》会議」が開かれました。会議に実行委員として参加した村瀬《むらせ》さんは、各国から集まった「絞り」職人から、「有松《ありまつ》・鳴海《なるみ》絞り」が高い技術をもっていること、その技術を限られた地域の伝統にとどめず、産業として現代につなげていることが世界的にも貴重であることを教えられました。海外の職人からも、「有松・鳴海の技術を、言葉だけでなく、実技や体験として学びたい。」という要望が寄せられたため、村瀬さんは欧米《おうべい》の各地で、展示会や技術を実際に見せる展覧会やワークショップを開催しました。①このような取り組みをとおして、村瀬さんは、「あえて『和』に固執《こしゅう》せず、新しい分野で、しかも海外で認められることが、日本での価値観を変える。」と考えました。

うこと。さらにその体験を生かし、世界を視野に入れて考えてみること。」と伝えています。

〔関根《せきね》 由子《よしこ》「地域から世界へ——ものづくりで未来を変える——」による〕

1 ——線①「このような取り組み」とありますが、村瀬さんはどのような取り組みを行いましたか。□にあてはまる言葉を文章中から抜き出しなさい。 10点×2〔20点〕

ⓐ□□□□□□□の技術を、展示会やワークショップなどを開催してⓑ□□□□□□で紹介した。

2 よく出る ——線②「有松・鳴海絞りを生かした海外での商品開発や宣伝を工夫していきました」とありますが、具体的にどのような工夫をしたのですか。二十字以内で二つ書きなさい。 15点×2〔30点〕

漢字を読もう! ①彫刻 ②頼む ③縛る

←答えは左ページ

そのために、海外での需要《じゅよう》を考え、息子の村瀬弘行《ひろゆき》さんがドイツで設立した会社とともに、②有松・鳴海絞りを生かした海外での商品開発や宣伝を工夫していきました。その方法として、絞りに使う素材を見直し、それまでは使っていなかったウールやカシミア、アルパカなどを素材に、ストールやセーター、ワンピースなどを作りました。洋服だけでなく、クッションなども作りました。すると、「これが有松・鳴海絞り?」と驚かれるほどイメージが変わり、ついには世界のファッション界でも注目され、需要の拡大につながりました。

また、③絞りの技法も工夫しました。今までの絞りは、模様を染めたあと、布のしわを伸《の》ばして製品化していました。□、素材にポリエステルを使うと、一度しわを寄せて高温と高圧をかければ形状が残ります。そこで、絞ったしわをそのまま残して立体的な造形に仕上げて、絞り独特のユニークな突起のある照明を作ったのです。

こうして、「有松・鳴海絞り」の職人たちも海外での評価に手応えを感じ、その誇《ほこ》りを自信として、国内外の活動を行っていきました。さらに、海外からも、絞りの研修を志願する多くの人が集まってきたのです。

村瀬さんは、これからも、新しい素材や技術と伝統的なものづくりを融合《ゆうごう》させ、発想の転換をはかっていきたいと考えています。また、地元の幼稚園や小中学校に出向いたり、工房《こうぼう》を見学してもらったりして、子どもたちに「絞り」の技術を紹介《しょうかい》しています。そこでは子どもたちに、「今日の体験で、作る喜びを感じてほしい。それが、地域の文化や伝統としてつながっていることを誇りに思

3 よく出る ――線③「絞りの技法も工夫しました」について、次のようにまとめました。□にあてはまる言葉を文章中から抜き出しなさい。 10点×3〔30点〕

・ⓐ□□ …ポリエステルを使用する。

・工夫…一度しわを寄せて ⓑ□□□□□ をかける。

結果 → ⓒ□□□□□□ に仕上がる。

4 文章中の□にあてはまる言葉を次から一つ選び、記号で答えなさい。 〔10点〕

ア　したがって　イ　ところが

ウ　あるいは　エ　つまり

□

5 やや難 村瀬さんが考えていることとして適切でないものを次から一つ選び、記号で答えなさい。 〔10点〕

ア　海外から集まってきた「有松・鳴海絞り」の研修を志願する人たちに、もっと自信をもってほしい。

イ　新しい素材や技術と伝統的なものづくりを融合《ゆうごう》させて、発想の転換をはかっていきたい。

ウ　「絞り」の技術が地域の文化や伝統としてつながっていることを、子どもたちに誇りに思ってほしい。

エ　「絞り」の技術を体験した子どもたちには、世界を視野に入れて考えてみることをしてほしい。

□

漢字で書こう!　①ちょうこく　②たの(む)　③しば(る)
答えは右ページ➡

教科書 p.222／p.280〜p.284／p.230〜p.231

文法の小窓3 単語のいろいろ
漢字の広場4 熟語の構成

テストに出る!
ココが要点

文法の小窓3 単語のいろいろ

●自立語…それだけで文節をつくることができる単語。
●付属語…それだけでは文節をつくれず、必ず自立語のあとについて全体で文節をつくる単語。

●活用のない自立語
・主語になれる……名詞(体言)
・主語になれない
　連体修飾語になる……連体詞
　主に連用修飾語になる……副詞
　接続語になる……接続詞
　独立語になる……感動詞

●活用のある自立語(用言)
・「どうする」を表す。言い切りの形がウ段の音…動詞
・「どんなだ」を表す。言い切りの形が「い」…形容詞
・「どんなだ」を表す。言い切りの形が「だ」「です」…形容動詞

●活用のない付属語…助詞　●活用のある付属語…助動詞

例題

1 次の――線部の品詞を選びなさい。
① きれいな花が咲いた。（　　）
② まだ試合は始まらない。（　　）

←

答えと解説

1 ①ク　②コ　③ア　④エ　⑤キ　⑥ケ　⑦カ　⑧イ　⑨オ

確認
◇単語のグループのことを「品詞」という。品詞は自立語と付属語、活用の有無《うむ》によって分類する。
◇熟語には七つの構成の型がある。

5分間攻略ブック p.12／p.20

予想問題

解答 p.10　20分　100点

文法の小窓3 単語のいろいろ

1 次の文には、それぞれ自立語がいくつありますか。漢数字で書きなさい。　4点×5〔20点〕
① 今日はよく晴れている。
② 近い将来その種は滅《ほろ》びる。
③ それは体にいいと言われている。
④ 知人からこの話を聞いた。
⑤ 東の空に満月が浮かぶ。

①　②　③　④　⑤

2 やや難 次の文には、それぞれ付属語がいくつありますか。漢数字で書きなさい。　4点×4〔16点〕
① 最近、暗いニュースばかりが目につく。
② ああ、こんなところに、僕のかばんがあったよ。
③ 新しい靴を、駅前の店で買いたい。
④ 時間がないので、そこに行けない。

①　②　③　④

3 次の――線部の単語の品詞をあとから一つずつ選び、記号で答えなさい。　5点×10〔50点〕

←

漢字を読もう!　①雷鳴　②是非　③遷都
←答えは左ページ

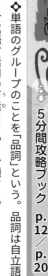

③　漢字は中国から来た。（　　）
④　疲れた。しかし、楽しかった。（　　）
⑤　あの犬はかわいかった。（　　）
⑥　姉は高校生だ。（　　）
⑦　大切な本をなくした。（　　）
⑧　この本は誰のですか。（　　）
⑨　ああ、すばらしい景色だ。（　　）
⑩　空が突然暗くなった。（　　）

ア　名詞　**イ**　連体詞　**ウ**　副詞
エ　接続詞　**オ**　感動詞　**カ**　動詞
キ　形容詞　**ク**　形容動詞
ケ　助詞　**コ**　助動詞

⑩ウ

まず自立語か付属語か、次に活用の有無《うむ》を見る。活用のある付属語②は助動詞。活用のない付属語⑥は助詞。活用のある自立語①・⑤・⑦は言い切りの形の最後の音を確認する。活用のない自立語③・④・⑧・⑨・⑩のうち、主語になれる③は名詞。残りの語は、はたらきから判断する。

テストに出る！

ココが要点

漢字の広場４　熟語の構成

● 熟語の構成の型
- 主語-述語型…前の部分が主語を表し、あとの部分が述語となる。
- 修飾-被《ひ》修飾型…前の部分があとの部分を修飾する。
- 述語-対象型…前の部分が述語、あとが「……を」「……に」などの対象を表す。
- 同類語型…前とあとの部分が似た意味で並立《へいりつ》する。
- 反対語型…前とあとの部分が反対の意味で並立する。
- 接頭語型…「未」などの接頭語がついてあとを打ち消す。
- 接尾語型…「性」「化」などの接尾語がつく。

①　あっ、星がきらきら輝《かがや》いている。
②　もうそろそろ、母が帰ってくる時間だ。
③　昨日は雨だったけれど、今日は晴れている。
④　今朝は、とても蒸《む》し暑いね。
⑤　私には、二人の妹がいる。
⑥　祖父の元気な姿を見て、安心した。
⑦　あと一時間くらいで終わるそうです。
⑧　昔、ある国に美しい姫がいた。
⑨　ところで、その服はどこで買ったの。
⑩　母は、毎朝五時に起きるので、夜は早く寝る。

ア　名詞　**イ**　連体詞　**ウ**　副詞　**エ**　接続詞
オ　感動詞　**カ**　動詞　**キ**　形容詞　**ク**　形容動詞
ケ　助詞　**コ**　助動詞

①	⑥
②	⑦
③	⑧
④	⑨
⑤	⑩

漢字の広場４　熟語の構成

4　よく出る　**次の熟語の構成に合うものをあとから選び、記号で答えなさい。**　2点×7〔14点〕

①　拍手　②　未決　③　問答　④　激動　⑤　価値　⑥　国立　⑦　知的

ア　主語-述語型　**イ**　修飾-被《ひ》修飾型　**ウ**　述語-対象型
エ　同類語型　**オ**　反対語型　**カ**　接頭語型　**キ**　接尾語型

①	
②	
③	
④	
⑤	
⑥	
⑦	

漢字で書こう！　①らいめい　②ぜひ　③せんと
答えは右ページ➡

教科書 p.236〜p.237

四季の詩

確認

✪どんな情景が描かれているのか、また、どんな心情をうたったものなのかを、詩の言葉を手がかりにして捉える。

テストに出る！

ココが要点

詩の表現技法

●比喩…ある物事を他の物事にたとえて表現する方法。
・直喩…「〜ようだ・ように」を用いてたとえる。
・隠喩…「〜ようだ・ように」を用いずにたとえる。
●体言止め…文の終わりを名詞（体言）で終え、余韻《よいん》を残す方法。
●倒置法……語句の順序を逆にして、強調する方法。
●対句《ついく》法……対になる表現を繰《く》り返して、印象を強める方法。

テストに出る！

予想問題

解答 p.11

30分　100点

次の詩を読んで、問題に答えなさい。

夏の詩

耳

①私の耳は貝のから
海の響《ひびき》をなつかしむ

ジャン＝コクトー
堀口《ほりぐち》 大學《だいがく》 訳

3 ——線①「私の耳は貝のから」について答えなさい。

(1) よく出る ここで用いられている表現技法を次から二つ選び、記号で答えなさい。　5点×2〔10点〕

ア 直喩　**イ** 隠喩　**ウ** 繰《く》り返し
エ 対句《ついく》法　**オ** 倒置法　**カ** 体言止め

(2) 「私」は、なぜ自分の耳を「貝のから」だと表現しているのですか。次から一つ選び、記号で答えなさい。〔10点〕

ア 貝が、からを閉じているように、何も聞こえないから。
イ 貝のように、波の音を聞きながら生きていきたいから。
ウ 海という言葉を聞くと、貝がらのことが思い浮かぶから。
エ 波の音が耳に残っていて、なつかしく思い出されるから。

4 ——線②「虫がないてる」とありますが、どんなふうにないているのですか。詩の中から抜き出しなさい。〔10点〕

漢字を読もう！　①描く　②一匹　③眠る
←答えは左ページ

秋の詩
②虫　八木《やぎ》重吉《じゅうきち》

虫がないてる
いま　ないておかなければ
もう駄目《だめ》だというふうにないてる
しぜんと
③涙《なみだ》をさそわれる

冬の詩
④雪　三好《みよし》達治《たつじ》

太郎を眠らせ、太郎の屋根に雪ふりつむ。
次郎を眠らせ、次郎の屋根に雪ふりつむ。

1 秋の詩の形式を、漢字五字で書きなさい。〔5点〕

□□□□□

2 三つの詩の「夏」「秋」「冬」という季節は、それぞれどの言葉からわかりますか。それぞれの詩から最も象徴《しょうちょう》的な言葉を一語で一つずつ抜き出しなさい。10点×3〔30点〕

夏	秋	冬

5 ――線③「涙をさそわれる」とありますが、なぜですか。次から一つ選び、記号で答えなさい。〔15点〕

ア 虫のなき声で、もう駄目だと思ったつらい昔を思い出したから。
イ 虫のように懸命に生きてこなかった自分の過去を後悔《こうかい》したから。
ウ 限られた命を懸命に生きている虫の姿に悲しみを感じたから。
エ 人間に比べて命の短い虫の存在が無価値に思われたから。

□

6 よく出る ――線④「雪」の詩に用いられている表現技法を次から一つ選び、記号で答えなさい。〔5点〕

ア 直喩　イ 隠喩　ウ 対句《ついく》法
エ 倒置法　オ 体言止め

□

7 やや難 ――線④「雪」の詩の鑑賞《かんしょう》文として適切なものを次から一つ選び、記号で答えなさい。〔15点〕

ア 雪国に暮らす「太郎」と「次郎」が遊び疲れて眠ってしまう姿を描いた詩で、二人が静かに眠る様子が表されている。
イ 静かな夜に雪がしんしんと降り積もる様子を描いた詩で、言葉の繰り返しから時間的・空間的な広がりが感じられる。
ウ 冬の夜に子どもの寝顔を見ている親の幸せな姿を描いた詩で、同じ言葉を繰り返すことで、子を見守る親の愛情を強調している。
エ どんどん降り積もる雪を楽しむ作者の心情を描いた詩で、リズムのある言葉によって、軽《かろ》やかな印象を生み出している。

□

漢字で書こう！　①えが(く)　②いっぴき　③ねむ(る)
答えは右ページ➡

少年の日の思い出
言葉の小窓3　方言と共通語

主題

◇エーミールのチョウを盗んで潰《つぶ》してしまった「僕」は、一度起きたことは償いができないことを悟り、自分のチョウを押し潰すことで自分自身を罰する。

5分間攻略ブック p.14

テストに出る！ **ココが要点**

エーミールへの謝罪（教 p.253〜p.254）▶例題

- エーミールは謝罪を受け入れず、ただ「僕」を眺めて軽蔑する。
- 「僕」は、一度起きたことは償いができないと悟る。
- 「僕」は、自分を罰するために、自分のチョウを押し潰《つぶ》す。

チョウを盗み、潰してしまう（教 p.249〜p.251）▶予想問題

それぞれの場面で、「僕」の心情がさまざまに変化する。

- チョウを手に入れたいという欲望→盗みを犯す。大きな満足感。
- 良心が目覚めて返しに行くが、チョウは潰れてしまっていた。
- 盗みをした気持ちより、潰したチョウを見ているほうが苦しい。

例題　エーミールへの謝罪

すると、エーミールは激したり、僕をどなりつけたりなどはしないで、低く、ちえっと舌を鳴らし、しばらくじっと僕を見つめていたが、それから「そうか、そうか、つまり君は①**そんなやつ**なんだな。」と言った。

僕は彼に、僕のおもちゃをみんなやると言った。それでも彼は冷淡《れいたん》にかまえ、依然僕をただ軽蔑的に見つめていたので、僕は自分のチョウの収集を全部やると言った。しかし彼は、「けっこうだよ。僕は君の集めたやつはもう知っている。そのうえ、今日また、君がチョウをどんなに取り扱っているか、ということを見ることができたさ。」と言った。

その瞬間《しゅんかん》、僕は②**すんでのところであいつの喉笛に飛びかかるところだった**。もうどうにもしようがなかっ

1 ——線①が指しているものを選びなさい。

ア　うそをついて、ごまかそうとするやつ。
イ　人の物を盗んで、壊してしまうやつ。
ウ　悪いことをしたのに反省しないやつ。

（　　）

2 エーミールの、「僕」に対する態度を表す漢字二字の言葉を、三つ抜き出しなさい。

□□　□□　□□

3 「僕」が——線②のようになったのは、なぜですか。考えて書きなさい。

答えと解説

1 イ

✎ エーミールからすれば、「僕」は、**人の物を盗んだ**うえに、**それを潰してしまう**ような悪いやつなのである。

2 冷淡・軽蔑・冷然

✎ 冷淡…思いやりがないこと。
軽蔑…さげすむこと。
冷然…冷ややかな様子。

3 例 否定（軽蔑）

✎ 直前のエーミールの言葉は、

漢字を読もう！　①遊戯　②珍しい　③歓喜
←答えは左ページ

た。僕は悪漢だということに決まってしまい、エーミールはまるで世界のおきてを代表でもするかのように、冷然と、正義をたてに、侮《あなど》るように、僕の前に立っていた。彼は罵りさえしなかった。ただ僕を眺めて、軽蔑していた。

　その時初めて僕は、一度起きたことは、もう償いのできないものだということを悟った。僕は立ち去った。③**母が根ほり葉ほりきこうとしないで、僕にキスだけして、かまわずにおいてくれたことをうれしく思った。**僕は、床にお入り、と言われた。僕にとってはもう遅い時刻だった。だが、その前に僕は、そっと食堂に行って、大きなとび色の厚紙の箱を取ってき、それを寝台の上に載せ、闇の中で開いた。そして④**チョウチョを一つ一つ取り出し、指でこなごなに押し潰《つぶ》してしまった。**

〔ヘルマン＝ヘッセ／高橋《たかはし》健二《けんじ》訳「少年の日の思い出」による〕

自分の、チョウに対する気持ちを［　　　］されたから。

4 よく出る　エーミールとのやり取りを通して、「僕」はどんなことを悟りましたか。

一度起きたことは、もう［　　　］のできないものだということ。

5 ――線③のとき、母はどのような気持ちでしたか。考えて書きなさい。

勇気を出して謝りに行った「僕」を（　　　）気持ち。

6 よく出る　――線④には、「僕」のどのような思いが込められていますか。二つ選びなさい。

ア 自分で自分を罰するしかない。
イ 自分の貧弱な収集が恥ずかしい。
ウ チョウを収集するのはもうやめよう。
エ エーミールへの恨みをはらしたい。

（　　）（　　）

「僕」にとって屈辱《くつじょく》的な言葉である。「僕」は、自分のチョウへの**情熱を否定されて、怒《いか》りがこみ上げた**のだ。

4 償い

いくら謝罪したところで、チョウは元通りにはならず、**エーミールは許してくれない**のである。

5 例 いたわる

母は、罪を告白するのが「僕」にとって**どれほどつらいことだったかを理解している。**だから、そっとしておいてくれたのだ。

6 ア・ウ

謝罪を受け入れてもらえなかった「僕」は、**大切な収集を潰すことで自分を罰した**のである。また、悲劇の原因となった**チョウの収集から決別しよう**という思いも表れている。

漢字で書こう！　①ゆうぎ　②めずら(しい)　③かんき
答えは右ページ➡

テストに出る！
予想問題

解答 p.11　30分　100点

1 次の文章を読んで、問題に答えなさい。

せめて例のチョウを見たいと、①僕は中に入った。そしてすぐに、エーミールが収集をしまっている二つの大きな箱を手に取った。どちらの箱にも見つからなかったが、やがて、そのチョウはまだ展翅《てんし》板に載っているかもしれないと思いついた。はたしてそこにあった。とび色のビロードの羽を細長い紙きれに張り伸《の》ばされて、ヤママユガは展翅板に留められていた。僕はその上にかがんで、毛の生えた赤茶色の触角や、優雅で、果てしなく微妙な色をした羽の縁《ふち》や、下羽の内側の縁にある細い羊毛のような毛などを、残らず間近から眺めた。あいにく、あの有名な斑点だけは見られなかった。細長い紙きれの下になっていたのだ。

ⓐ胸をどきどきさせながら、僕は紙きれを取りのけたい誘惑《ゆうわく》に負けて、針を抜いた。すると、四つの大きな不思議な斑点が、挿絵のよりはずっと美しく、ずっとすばらしく、僕を見つめた。それを見ると、②この宝を手に入れたいという逆らいがたい欲望を感じて、僕は生まれて初めて盗みを犯した。僕はピンをそっと引っぱった。チョウはもう乾《かわ》いていたので、形は崩《くず》れなかった。僕はそれをてのひらに載せて、③エーミールの部屋から持ち出した。その時、さしずめ僕は、大きな満足感のほか何も感じていなかった。

チョウを右手に隠して、僕は階段を下りた。その時だ。下の方から誰か僕の方に上がってくるのが聞こえた。その瞬間《しゅんかん》に僕の良心は目覚めた。僕は突然、自分は盗みをした、下劣《げれつ》なやつだということを悟った。同時に、見つかりはしないかという恐ろしい不

---

1 ――線①「僕は中に入った」とありますが、どのような思いでエーミールの部屋に入ったのですか。次から一つ選び、記号で答えなさい。〔10点〕

ア　ヤママユガを自分のものにしたいという思い。
イ　エーミールが部屋にいるかを確かめたいという思い。
ウ　ヤママユガを一目でも見てみたいという思い。
エ　エーミールのチョウを潰してやりたいという思い。

2 ――線②「この宝を手に入れたいという逆らいがたい欲望」を「僕」が感じたのは、直接的にはどのようなことがきっかけとなっていますか。書きなさい。〔15点〕

3 よく出る ――線③「エーミールの部屋から持ち出した」とありますが、このときの「僕」の気持ちを次から一つ選び、記号で答えなさい。〔10点〕

ア　憎《にく》いエーミールが大事にしているチョウを盗んでやったという、晴れ晴れとした思い。
イ　珍しいチョウを手に入れたことを喜びつつも、エーミールに対してすまないという気持ち。
ウ　いくら欲しかったからとはいえ、他人のチョウを盗んでしまったことを後悔《こうかい》する気持ち。
エ　盗みをしたことの罪悪感はまるでなく、欲しかったチョウを手に入れて満足する気持ち。

4 よく出る 〰〰線ⓐ・ⓑの「胸をどきどきさせ」には、それぞれ「僕」のどんな気持ちが表れていますか。次から一つずつ選び、記号で答えなさい。10点×2〔20点〕

漢字を読もう！ ①罵る　②丹念　③扱う
←答えは左ページ

安に襲《おそ》われて、僕は本能的に、獲物《えもの》を隠していた手を、上着のポケットに突っ込んだ。ゆっくりと僕は歩き続けたが、大それた恥ずべきことをしたという、冷たい気持ちに震《ふる》えていた。上がってきたお手伝いさんと、びくびくしながらすれ違ってから、僕はⓑ胸をどきどきさせ、額に汗《あせ》をかき、落ち着きを失い、④自分自身におびえながら、家の入り口に立ち止まった。

すぐに僕は、このチョウを持っていることはできない、持っていてはならない、もとに返して、できるならなにごともなかったようにしておかねばならない、と悟った。そこで、人に出くわして見つかりはしないか、ということを極度に恐れながらも、急いで引き返し、階段を駆《か》け上がり、一分の後にはまたエーミールの部屋の中に立っていた。僕はポケットから手を出し、チョウを机の上に置いた。それをよく見ないうちに、僕はもうどんな⑤不幸が起こったかということを知った。そして泣かんばかりだった。ヤママユガは潰《つぶ》れてしまったのだ。前羽が一つと触角が一本なくなっていた。ちぎれた羽を用心深くポケットから引き出そうとすると、羽はばらばらになっていて、繕《つくろ》うことなんか、もう思いもよらなかった。

盗みをしたという気持ちより、自分が潰してしまった美しい珍しいチョウを見ているほうが、⑥僕の心を苦しめた。微妙なとび色がかった羽の粉が、自分の指にくっついているのを、僕は見た。また、ばらばらになった羽がそこに転がっているのを見た。それをすっかりもとどおりにすることができたら、僕はどんな持ち物でも楽しみでも、喜んで投げ出したろう。

〔ヘルマン＝ヘッセ／高橋《たかはし》健二《けんじ》訳「少年の日の思い出」による〕

ア 感心　イ 怒《いか》り　ウ 不安
エ 安心　オ 驚き　カ 期待

ⓐ
ⓑ

5 やや難 ——線④「自分自身におびえながら」とは、「僕」のどのような心情を表していますか。□にあてはまる言葉を、文章中から抜き出しなさい。 5点×3〔15点〕

激しいⓐ□のままに、ⓑ□という
ⓒ□ことをしてしまった自分に対する、恐れや不安。

6 ——線⑤「不幸」とは、この場合はどんなことですか。〔10点〕

7 ——線⑥「僕の心を苦しめた」とありますが、このとき「僕」の心を最も苦しめたものを次から一つ選び、記号で答えなさい。〔10点〕

ア チョウを自分のものにできなかったこと。
イ 美しいチョウを潰してしまったこと。
ウ 他人のチョウを盗んでしまったこと。
エ エーミールにチョウを返せなくなったこと。

2 次のとき、方言と共通語のどちらを使うのが一般《いっぱん》的ですか。方言ならA、共通語ならBで答えなさい。 5点×2〔10点〕

① 家族と話すとき。
② よそから来た人と話すとき。

①
②

漢字で書こう！ ①ののし（る）　②たんねん　③あつか（う）
答えは右ページ➡

教科書 p.286～p.295

銀のしずく降る降る

要旨《ようし》

◇大正時代、アイヌの女性の知里幸恵《ちりゆきえ》は、金田一京助《きんだいちきょうすけ》との出会いによって、ユーカラのすばらしさを改めて感じ、生涯《しょうがい》をユーカラの研究にささげた。

テストに出る！ ココが要点

ユーカラ研究に目覚める幸恵《ゆきえ》（教 p.292～p.293）➤予想問題

●幸恵は、何をきっかけにどんな決意をしたのか。

・きっかけ…金田一《きんだいち》によってユーカラのすばらしさを知ったこと。
・決意したこと…生涯《しょうがい》をユーカラの研究にささげること。

テストに出る！ 予想問題

解答 p.12　30分　100点

次の文章を読んで、問題に答えなさい。

一夜明けると、①マツは、幸恵《ゆきえ》の女学校での作品を金田一《きんだいち》に見せるほど心が打ち解けていた。それを見た金田一は、その中でも日本語で書かれた作文の文章の美しさに驚いた。そのうえ幸恵が、アイヌ語の難しい古語でうたわれている長編叙事詩《じょじし》も暗唱していることを知り、重ねて目をみはった。幸恵には、日本語とアイヌ語の二つの言語生活があったのだ。

一方、幸恵は、日本人の学者が遠くからわざわざユーカラを聞きに来たのを②不思議に思った。こんな質問をされたことを、金田一京助《きょうすけ》は別の思い出の中に書いている。

「私たちのユーカラのどこに、そんな値うちがあるのですか。」

（『私の歩いて来た道』）

幸恵の率直《そっちょく》な質問に、金田一は熱っぽく答えた。

1 ――線①「マツは、幸恵の女学校での作品を金田一に見せる」について答えなさい。

(1) マツのこの行動から、どのようなことがわかりますか。□にあてはまる言葉を、文章中から十字以内で抜き出しなさい。〔10点〕

マツと金田一は、□□□□□□□□□□こと。

(2) よく出る 幸恵の女学校での作品を見た金田一は、どのようなことに驚きましたか。次から二つ選び、記号で答えなさい。 10点×2〔20点〕

ア 日本語で書かれた作文の文章があまりにも美しいこと。
イ アイヌ人なのにアイヌ語ではなく日本語を話せること。
ウ ヨーロッパの叙事詩を丸暗記していること。
エ アイヌ語で幸恵が書いた叙事詩が美しかったこと。
オ アイヌ語の長編叙事詩を暗唱していること。

□　□

2 ――線②「不思議に思った」とありますが、幸恵はどのようなことを不思議に思ったのですか。〔15点〕

漢字を読もう！ ←答えは左ページ　①眺める　②不振　③砂浜

「ユーカラは、あなたがたの祖先が、長い間、口伝えに伝えてきた叙事詩だ。ヨーロッパでも、あの『イリアス』『オデュッセイア』も、その最後の伝承者ホメロスの時、文字が入って初めて書かれたものだよ。これらの叙事詩は、民族の歴史であると同時に、大事な文学なんだ。今の世に、文字以前の叙事詩の姿をそのまま伝えている例は、世界にユーカラのほかにない――。」

聞いた幸恵は、金田一の言葉で③ユーカラのすばらしさを改めて感じ、目に涙《なみだ》を浮かべながら、「これからは、私も生涯《しょうがい》を、祖先が残してくれたユーカラの研究にささげます。」と約束した。

金田一も、十五歳《さい》のこの少女の④決意を聞いて、深く心を打たれた。そして、なんとか彼女を東京に連れていって勉強させたい、と思うのだった。

〔藤本《ふじもと》 英夫《ひでお》「銀のしずく降る降る」による〕

3 よく出る ――線③「ユーカラのすばらしさ」とは、どのようなところだと金田一は述べていますか。□にあてはまる言葉を、文章中からⓐは五字、ⓑは二十字で抜き出しなさい。 15点×2〔30点〕

・ユーカラが、ⓐ□□□□□を表しているところ。

・ユーカラが、ⓑ□□□□□□□□□□□□□□□□□□□□ところ。

4 ――線④「決意」について答えなさい。

(1) 誰のどのような決意ですか。 〔15点〕

(2) やや難 なぜそのような決意をしたのですか。次から一つ選び、記号で答えなさい。 〔10点〕

ア ユーカラの価値を自分で実感したかったから。

イ 東京で勉強させてくれるという申し出を受けたかったから。

ウ 金田一の言葉を聞いて今しかできないことだと思ったから。

エ 一生をかけてやるべき、意味のあることだと気づいたから。

漢字で書こう! ①なが(める) ②ふしん ③すなはま
答えは右ページ➡

教科書 p.296〜p.297

蓬萊《ほうらい》の玉の枝と偽《いつわ》りの苦心談 ―竹取《たけとり》物語―

主題

◇かぐや姫に求婚し、難題を出された貴族の一人「くらもちの皇子《みこ》」は、苦心して蓬萊の玉の枝を手に入れたように語るが、その話は実はうそだった。

テストに出る！

ココが要点

くらもちの皇子《みこ》の偽《いつわ》りの苦心談（教 p.296〜p.297）▼予想問題

●船で五百日かけて山にたどり着いた。天人の衣装《いしょう》を着た女の人に尋《たず》ねたら、そこは「蓬萊《ほうらい》の山」だったのでとてもうれしかった。

●見劣《みおと》りはするが、望みの品である蓬萊の玉の枝を手に入れた。

テストに出る！

予想問題

解答 p.12　30分　100点

次の文章を読んで、問題に答えなさい。

〔くらもちの皇子《みこ》が、かぐや姫に語る。〕

「船の行《ゆ》くにまかせて、海に漂《ただよ》ひて、五百日といふ辰《たつ》の時ばかりに、海の中に、はつかに山見ゆ。船のかぢをなむ迫《せ》めて見る。海の上に漂へる山、いと大《おほ》きにてあり。その山のさま、高く ⓐうるはし。『これやわが求むる山ならむ。』と思ひて、さすがに恐《おそ》ろしくおぼえて、山のめぐりをさしめぐらして、二、三日ばかり、見歩《あり》くに、天人の ⓑよそほひしたる女、山の中よりいで来て、銀《しろかね》の金《かな》鋺《まる》を持ちて、水をくみ歩く。

これを見て、船より下りて、『この山の名を何とか申す。』と ①問ふ。女、答へていはく、『これは、蓬萊《ほうらい》の山なり。』と答ふ。これを聞くに、②うれしきことかぎりなし。

取ってまいりましたのは、たいそう見劣《みおと》りするものでしたが、『（かぐや姫が）おっしゃったのと違《ちが》っていたら（困る）。』と思って、この花を折ってまいったのです。」

〔「蓬萊《ほうらい》の玉の枝と偽《いつわ》りの苦心談――竹取《たけとり》物語――」による〕

1 よく出る 〰〰線ⓐ「うるはし」、ⓑ「よそほひ」を現代仮名遣《づか》いに直しなさい。　5点×2〔10点〕

ⓐ

ⓑ

2 ――線①「問ふ」とありますが、誰が尋ねたのですか。次から一つ選び、記号で答えなさい。〔10点〕

ア　くらもちの皇子　イ　天人のよそほひしたる女
ウ　かぐや姫　エ　天人

3 よく出る ――線②「うれしきことかぎりなし」とありますが、うれしく思った理由を次から一つ選び、記号で答えなさい。〔15点〕

ア　誰もいないと思った山に、美しい天人が住んでいたから。
イ　誰もいないと思った山に、言葉の通じる人がいたから。
ウ　たどり着いた山に、蓬萊の玉の枝があることを知ったから。
エ　たどり着いた山が、探し求めていた蓬萊の山だったから。

4 山が険しいことが想像できる言葉を、古文中から十一字で抜き出しなさい。〔10点〕

漢字を読もう！　①貴族　②難題　③恐ろしい
←答えは左ページ

その山、見るに、さらに登るべきやうなし。③その山のそばひらをめぐれば、世の中になき花の木ども立てり。金《こがね》、銀《しろがね》、瑠璃《るり》色の水、山より流れいでたり。それには、色々《いろいろ》の玉の橋渡《わた》せり。その辺りに照り輝《かかや》く木ども立てり。その中に、④この取りて持ちてまうで来たりしは、いとわろかりしかども、『のたまひしに違《たが》はましかば。』と、この花を折りてまうで来たるなり。」

［現代語訳］

「船の行くのにまかせて、海に漂って、五百日めという日の午前八時頃《ごろ》に、海上に、かすかに山が見えます。船のかじを操作して、島に近づいて見ました。海の上に漂っている山は、大変大きいものでした。その山の様子は、高くてうるわしいものでした。『これこそ私が求めている山だろう。』と思って、やはり恐ろしく思われて、山の周囲を漕《こ》ぎめぐらせて、二、三日ばかり、見て回っていますと、天人の衣装《いしょう》を着た女の人が、山の中から出てきて、銀のおわんを持って、水をくんで歩いています。

これを見て、（私は）船から下りて、『この山の名を何と申しますか。』と尋《たず》ねました。その女の人は、答えて、『これは、蓬萊の山です。』と言いました。これを聞いて、うれしくてたまりませんでした。

その山は、見ると、（険しくて）全く登れそうもありません。その山の斜面《しゃめん》の裾《すそ》を回ってみると、見たこともない花の木々が立っています。金色、銀色、瑠璃色の水が、山から流れ出ています。その流れには、さまざまな色の玉でできた橋が渡してあります。その辺りに光り輝く木々が立っています。その中で、ここに

5 ――線③「その山のそばひらをめぐれば」とありますが、このときに見えたものを、古文中から順に四つ抜き出しなさい。 5点×4〔20点〕

6 ――線④「この取りて持ちてまうで来たりしは、いとわろかりしかども」について答えなさい。

(1) くらもちの皇子は、どのような花を取ってきたと言っていますか。次から一つ選び、記号で答えなさい。〔15点〕

ア 望みどおりではあるが、他の花よりも見劣りのする花。

イ 望みどおりではないが、全く見劣りのしない花。

ウ 望みのものとは違って、かなり見劣りのする花。

エ 望みのものかはわからないが、見劣りはしない花。

(2) やや難 なぜ――線④のように言ったのですか。「うそ」という言葉を使って書きなさい。〔20点〕

漢字で書こう！ ①きぞく ②なんだい ③おそ（ろしい）
答えは右ページ➡

花の詩画集

主題

◇体が不自由なため、口に筆をくわえて創作活動を行っている作者が、植物に対するさまざまな思いをつづっている。

テストに出る！

ココが要点

植物が作者に与えてくれるもの

植物を見ることで、作者がどんな感情を抱《いだ》くのかを捉える。

● 麦の穂……の詩→麦の穂の個性や生命力への感動。

● 筆を……の詩→心の落ち着き・平安。

テストに出る！

予想問題

解答 p.13

30分　100点

1 次の詩を読んで、問題に答えなさい。

麦の穂
となりも
麦の穂
ぶつからず
離《はな》れすぎず
特に高いものもなく
特に低いものもなく
にてるけれど
みんな　ちがう
麦の穂
太陽の弓矢

〔星野《ほしの》 富弘《とみひろ》「花の詩画集」による〕

2 次の詩を読んで、問題に答えなさい。

筆を噛《か》み砕《くだ》きたい
時がある
槍《やり》のように
突《つ》きたてたい
時もある
①さまざまな思いが
②風のように過ぎて
花を見ている

〔星野《ほしの》 富弘《とみひろ》「花の詩画集」による〕

1 三行めと七行めで共通して用いられている表現技法を次から一つ選び、記号で答えなさい。〔5点〕

ア 倒置法　**イ** 直喩　**ウ** 体言止め　**エ** 擬人《ぎじん》法

□

2 この詩を内容の上から大きく二つに分けるとき、後半部分は何行めからになりますか。漢数字で答えなさい。〔10点〕

□行め

3 作者は、筆をどうしたい時があると述べていますか。詩の中から六字で二つ抜き出しなさい。5点×2〔10点〕

漢字を読もう！　①穂　②突く　③過ぎる
←答えは左ページ

1 よく出る この詩で用いられている表現技法を次から三つ選び、記号で答えなさい。 5点×3〔15点〕

ア 直喩　イ 隠喩　ウ 体言止め
エ 対句《ついく》法　オ 倒置法

2 一～七行めでは、麦の穂のどのような様子が描かれていますか。あてはまらないものを次から一つ選び、記号で答えなさい。〔10点〕

ア たくさん並んで生えている様子。
イ 同じような間隔《かんかく》を空けて生えている様子。
ウ 隣《となり》同士寄り添うように生えている様子。
エ 同じような高さで生えている様子。

3 一～七行めで描かれている麦の穂の様子について、筆者はどのようなことを感じていますか。詩の中から連続する二行で抜き出しなさい。〔10点〕

4 よく出る この詩にこめられた作者の思いを次から一つ選び、記号で答えなさい。〔10点〕

ア 弱々しい麦の穂への優しさやいたわり。
イ 麦の穂と共に行きていこうという決意。
ウ 麦の穂の生き方や生命力に対する感動。
エ 麦の穂の不思議な生態への驚きや興味。

---

4 よく出る ——線①「さまざまな思い」とありますが、どのような思いですか。次から一つ選び、記号で答えなさい。〔10点〕

ア いらだちや焦《あせ》り　イ 驚きやとまどい
ウ 希望や期待　エ 懐《なつ》かしさや切なさ

5 ——線②「花を見ている」とありますが、このときの作者の心情を次から一つ選び、記号で答えなさい。〔10点〕

ア 悲しみ　イ 諦《あきら》め
ウ 平安　エ 反省

6 やや難 この詩から伝わってくる作者の様子を次から一つ選び、記号で答えなさい。〔10点〕

ア 華麗に美しく咲く花の姿に憧《あこが》れを抱《いだ》き、自分もそうありたいと強く願う様子。
イ 困難な状況《じょうきょう》の中で花を見つめて、そのひとときだけでも人に優しくしようとする様子。
ウ 優しく静かに咲いている花の存在を、落ち着いた心持ちで見つめる様子。
エ 悩《なや》み苦しむ姿を花に見られていたと感じ、自分の弱さを恥ずかしく思う様子。

漢字で書こう！ 答えは右ページ→ ①ほ ②つ（く） ③す（ぎる）

デューク

テストに出る！
ココが要点

不思議な少年との別れ（教 p.304）▶予想問題

「今までずっと、僕《ぼく》は楽しかったよ。」少年は「私」にそう告げ、デュークそっくりのキスをして駆《か》けていってしまった。

主題

◇愛犬「デューク」をなくして悲しみにくれた「私」は、少年と出会い、一日を一緒に過ごしたが、別れぎわのキスに、少年とデュークが重なり茫然《ぼうぜん》とする。

テストに出る！
予想問題

解答 p.13

15分　100点

次の文章を読んで、問題に答えなさい。

「今までずっと、僕《ぼく》は楽しかったよ。」

「そう。私もよ。」

下を向いたまま私が言うと、少年は私の顎《あご》をそっと持ち上げた。

①「今までずっと、だよ。」

懐《なつ》かしい、深い目が私を見つめた。そして、少年は私にキスをした。

②私があんなに驚《おどろ》いたのは、彼がキスをしたからではなく、彼のキスがあまりにもデュークのキスに似ていたからだった。茫然《ぼうぜん》として声も出せずにいる私に、少年が言った。

「僕もとても、愛していたよ。」

寂《さび》しそうに笑った顔が、ジェームス＝ディーンによく似ていた。

③「それだけ言いに来たんだ。じゃあね。元気で。」

そう言うと、青信号の点滅《てんめつ》している横断歩道にすばやく飛び出し、少年は駆《か》けていってしまった。

私はそこに立ちつくし、いつまでもクリスマスソングを聴《き》いていた。銀座《ぎんざ》に、ゆっくりと夜が始まっていた。

〔江國《えくに》香織《かおり》「デューク」による〕

1 よく出る ——線①「今までずっと、だよ。」とありますが、「今までずっと」の意味を次から一つ選び、記号で答えなさい。〔30点〕

ア「私」と一緒に暮らしていた間ずっと。
イ 今日一日ずっと。
ウ「私」と出会うまでずっと。
エ 少年が生まれる前からずっと。

2 ——線②「私があんなに……からだった。」とありますが、このときの「私」の様子を、文章中から十三字で抜き出しなさい。〔30点〕

3 やや難 ——線③「それだけ言いに来たんだ。」とありますが、少年が「私」の前に現れたのは何のためだったと考えられますか。「デューク」という言葉を使って書きなさい。〔40点〕

中間・期末の攻略本
解答と解説

教育出版版　国語1年

p.2〜p.3 ふしぎ

1	2	3	4	5			6	7
				第一連	第二連	第三連		
四（連）	黒い雲からふる雨が、銀にひかっていることが、わたしはふしぎでたまらない。	わたしはふしぎでたまらない、	イ・ウ	例黒い雲からふる雨が、銀にひかっていること。	例青いくわの葉をたべているかいこが、白くなること。	例だれもいじらない夕顔が、ひとりでぱらりと開くこと。	イ	ウ

最終チェック

詩の構成を捉《とら》えよう！

・第一〜三連…自然のさまざまな事象を「ふしぎ」に感じている。

・第四連…「あたりまえだ」と思うみんなの感性を「ふしぎ」に感じている。

解説

2 各連は、通常の語順に直すと、二→三→一行めという順になる。

3 各連の初めの一行は、四連全てで繰《く》り返されている。

4 各連の初めの一行が繰り返されていること、また、各連の一行めと二・三行めの言葉の順序が逆になっていることを捉《とら》える。

5 第一連から第三連の二・三行めの内容をまとめる。

6 第四連は、前の三つの連を受けた内容になっている。誰《だれ》もが「あたりまえだ」と思っていることを、「わたし」が「ふしぎでたまらない」と言うので、わらっているのである。

7 **ア**「難解な言葉」ではない。**イ**「自然の美しさやすばらしさ」ではなく、自然のふしぎさを描《えが》いている。**エ**疑問を「解き明かして」はいない。

p.4〜p.5 桜蝶《さくらちょう》

1	2	3	4	5	6
花びらのような羽を持った淡いピンク	例散った桜の花びらが地面に落ちずに、宙を飛び始めたこと。	倉橋君	例自分の境遇を桜蝶に重ねて、孤独を分け合う	ⓐイ ⓑエ	イ

最終チェック

Bの文章から読み取れる「原因→結果」をまとめよう！

・友達との別れにより孤独を感じる「僕」→桜蝶を見守る

・親友の言葉を思い出す「僕」→新たな出会いに胸を膨《ふく》らませる

解説

1 桜蝶《さくらちょう》の習性ではなく、姿を説明している部分を抜《ぬ》き出すことに注意する。

3 Bの文章は倉橋《くらはし》君の視点で描《えが》かれていることを捉《とら》える。

4 ――線④のあとの「孤独《こどく》を分け合」うは、自分が感じている孤独のつらさや苦しさを、自分と同じような境遇《きょうぐう》の桜蝶を見ることでやわらげようとしていることを表している。

5 「ピンクの靄《もや》」とは、飛んでいく桜蝶のこと。孤独を分け合ってきた桜蝶との別れに「僕《ぼく》」は「寂《さび》しさ」を感じている。しかし、「緑の靄」を見ているときの「僕」は、親友の言葉を思い出し、別れを「始まり」だと前向きに捉え始めているので「希望」を感じている。

p.6～p.7 文法の小窓1

1		イ→エ→オ→ア→ウ
2	(1)	三
	(2)	五
3	①	ここは／思い出の／場所だ／。
	②	公園の／大木に／雷が／落ちた／。
	③	どうやら／今年は／冷夏らしい／。
	④	庭の／花が／たくさん／咲いた／。
	⑤	友達に／本を／貸して／もらった／。
	⑥	どうしても／兄を／許せない／。
	⑦	雨が／降って／いるから／家で／遊ぼう／。
4	①	今日／から／新学期／だ／。
	②	桜／の／花／が／咲い／て／い／ます／。
	③	決して／この／箱／を／開け／て／は／なら／ない／。
	④	たくさん／の／人／が／い／て、／とても／にぎやかだ／。
	⑤	子どもたち／が／外／で／元気に／遊ん／で／いる／。
	⑥	あそこ／に／見える／赤い／屋根／の／建物／が、／私／の／家／です／。
	⑦	子ども／が／指差し／た／方向／に、／大きな／カブトムシ／が／い／た／。
5	①	読む＋返す
	②	心＋苦しい

解説

2 (1)一字下がっているところが段落の始まり。「今日は、……」「体育館で、……」「教室に入ると、……」の三つの段落からなる。(2)句点「。」までで一文と数える。

3 ①「ここは（ね）／思い出の（ね）／場所だ／。」と、「ね」を入れて不自然にならないようにくぎる。③「らしい」は単独では文節にならない。⑦「降っているから」の「いるから」は、一文節になる。

4 ⑤「元気に」は一語。⑦「指差し」（指差す）も一語。

5 「読み返す」は、元の「読む」が、「読み」と変わっていることに注意。

最終チェック

複合語とは?

単独で使える二つ以上の単語が結びついて一つの単語となったもの。単語として数える場合は一つと数える。

p.10～p.11 自分の脳を知っていますか

1	(1)	ⓐ	状況（条件）
		ⓑ	方法
	(2)		非合理的な決断
	(3)		例 生き残るために、判断をすばやく行うための効率化を進めたから。
2			ウ
3	(1)	ⓐ	面積
		ⓑ	幅と高さ
	(2)		面積の～るので
4			恩恵
5			エ

解説

1 (1)・(2)――線①の前の段落に、「状況《じょうきょう》によって判断が変わります」「判断の方法が変わり、非合理的な決断に陥ってしまう」とある。

(3)――線①のあとの段落で野生の動物の例をあげ、生き残るために「判断をすばやく行うための効率化を進めた結果」と理由を述べている。

3 (1)「本来はクッキーの面積を比較するべき」ところで、「つい、幅《はば》と高さという簡単な要素にしぼって比較してしまう」のである。

5 筆者は、脳の癖は効率よく判断しようと努めた結果できたものであるから否定すべきではないが、自分の考えをいつも正しいと信じていると、問題を起こす可能性があるので注意すべきだと述べている。

最終チェック

判断のための直感の恩恵《おんけい》と問題点を整理しよう!

・恩恵→判断をすばやく行え、効率よく生きられるようになる。
・問題点→特殊《とくしゅ》な条件がそろうと、誤った判断に陥ってしまう。

p.12〜p.13 漢字の広場1／言葉の小窓1

1

①	②	③	④
イ	ウ	エ	ア

2

	①	②	③	④	⑤	⑥	⑦
部首	ウ	エ	イ	カ	ア	オ	キ
部首の位置	A	C	G	B	D	E	F

3

①	②	③	④	⑤	⑥
ウ	オ	キ	イ	ア	カ

解説

1 共通する部分を探す。①どの漢字にも「土」がある。②「氵」（さんずい）は「水」を表している。③「灬」（れんが）は「火」を表している。④どの漢字にも「貝」がある。

2 「偏《へん》」「旁《つくり》」「冠《かんむり》」「脚《あし》」「垂《たれ》」「構《かまえ》」「繞《にょう》」のそれぞれの部首の位置を確認《かくにん》する。また、代表的な部首は、表す意味を覚えておくとよい。

・「亻」（にんべん）…人
・「宀」（うかんむり）…家の種類や状態
・「辶」（しんにょう）…行く・進む
・「刂」（りっとう）…刃物《はもの》
・「灬」（れんが）…火
・「广」（まだれ）…建物・屋根
・「囗」（くにがまえ）…囲いや丸い形

3 「カ」や「シ」などは「清音」、「パ」「ピ」などは半濁音《だくおん》、「シャ」など、小さい「ャ」「ュ」「ョ」のつく音は拗音《ようおん》。

最終チェック

部首の位置による分類

・偏《へん》… ・旁《つくり》…
・冠《かんむり》… ・脚《あし》…
・垂《たれ》… ・構《かまえ》…
・繞《にょう》…

p.16〜p.17 ベンチ

◇

1		2	3	4	5	6	7	8
ⓐ ユダヤ人	ⓑ 緑	例「僕」がユダヤ人であること。	エ	ウ	例ユダヤ人への差別感情をもたず、同じ一人の人間としてつき合おうとする思い。	ア	ウ	例ユダヤ人である自分と一緒にいるところを見つかったら、ヘルガは収容所行きになってしまうから。

解説

◇

1 「ただもう緑のベンチが恐ろしくて……何も考えられなかった」とある。

3 ユダヤ人が差別されていた時代に、《ユダヤ人専用》のベンチに何の迷いもなく座《すわ》ったヘルガの思いを読み取る。

4 この段落の「僕」の言葉には、素直《すなお》な驚《おどろ》きと感動が表れていることを読み取る。

5 人種にとらわれずにつき合っていきたいという思いが書かれていれば正解とする。

8 決して自分の身の安全だけを考えたり、ヘルガと会う気持ちが弱くなったりしたわけではない。ヘルガのことを大切にしたいという思いから、会うことを断念しなければならなかったのである。

最終チェック

「ベンチ」の主題をおさえよう！

「僕」がユダヤ人と知っても偏見《へんけん》をもたずにつき合おうとするヘルガ。「僕」はそんなヘルガに思いを寄せるものの、彼女の身の安全を思い、二度と会わないと決断する。彼らの生き方をとおして、人種差別の不条理さを描《えが》いている。

p.18～p.19 全ては編集されている／漢字の広場2

1					2				3
1	2 ⓐ	2 ⓑ	3	4	①	②	③	④	① ② ③ ④
おもしろくない	これに先立ち	消防技術披露	例コメントを用いなくても、映像で視聴者にイメージを伝えること	エ	七	九	十三	九	B B A A

解説

1

2 デスクは、視聴《しちょう》者の興味をひく消防技術の披露《ひろう》の映像を先にするために、「これに先立ち」の言葉をつけ加えて原稿を直した。

3 結婚《けっこん》式のシーンの例は、コメントをつけなくても、映像によって視聴者にイメージをもたせることができることを説明するためにあげられている。

4 ニュースでは嘘《うそ》を伝えてはならない。デスクは、「これに先立ち」という言葉によって、順番を逆にしても嘘にならないよう工夫《くふう》したのである。

2

① 「⻏」の部分は三画。

② 「阝」は三画。

最終チェック

➡文章全体の構成をおさえよう！

序論→メディアにふれるうえで「全ては編集されている」という自覚をもつことが必要だ。本論→具体例をあげて説明。結論→「全ては編集されている」という自覚をもつようにしよう。

p.22～p.23 「エシカル」に生きよう

◇						
1	2	3	4	5	6 (1)	6 (2)
イ	自然には分解しない	イ	例海からプラスチックごみをなくしてほしいということ。	ウ	ウ	例身近な問題に疑問をもち、想像力をはたらかせてみること。

解説

◇

1 プラスチックごみは「海に流出して」いるのであって、回収されたとは書かれていない。

2 プラスチックはさびたり腐《くさ》ったりしないので、使用するときには便利である。

4 プラスチックごみを飲み込《こ》んでしまった赤ちゃんクジラが打ち上げられたことをきっかけに、さまざまな取り組みが広がったことを考える。「海にプラスチックごみを流出させないでほしいということ。」なども正解。

6 「自然には分解しない」プラスチックが、ごみになったらどうなるのかを「想像力をはたらかせて」考えてみることが、海洋汚染《おせん》の問題の解決につながるのである。

最終チェック

➡「エシカル」に生きるために必要なことを考えよう！

・人や地球環境《かんきょう》、社会に配慮《はいりょ》して考え、行動する。

・身近な問題に対して疑問をもち、想像力をはたらかせてみる。

p.26～p.27 森には魔法つかいがいる

◇

1	(1)	酸素や二酸化炭素をつけたり放したり
	(2)	例酸素を体のすみずみまで運ぶことで、脳をはたらかせ、体を動かすこと（ができる）。
2		●例葉緑素を作るとき。
		●例（肥料の中の）窒素やリン酸などを取り込むとき。
3		フルボ酸鉄
4		例河口で植物プランクトンがたくさん発生しているから。
5		ア→エ→ウ→イ
6		エ

（●は順不同）

解説

◇ **1** (2)酸素を「体のすみずみまで運」ぶことができるのは、赤血球がその鉄に酸素をつけられるからである。

4 周りの海に比べてたくさんの植物プランクトンが河口で発生しているということは、植物プランクトンに必要な鉄が川から流れてきているからだと考えられる。

5 「魔法つかい」と呼ばれる「フルボ酸鉄」が、どこで生まれ、どんな結果をもたらすのかを読み取る。

6 森の腐葉土《ふようど》で生まれる物質によって、鉄が川の水で海に流れつき、その鉄が海を豊かにしているという文章全体の内容と合っているのは**エ**である。

最終チェック

教科書の文章全体の構成をおさえよう！

・序論…「森には魔法つかいがいる」という言葉の紹介《しょうかい》。
・本論…森と川と海は一つという価値観の共有の必要性について。鉄の役割と魔法つかいの正体（フルボ酸鉄）についての説明。
・結論…森と川の環境《かんきょう》を整えてきた。→震災《しんさい》後も海に鉄が届き続ける。

p.28～p.29 文法の小窓2

1	①	独立語
	②	述語
	③	主語
	④	修飾語
	⑤	接続語
2	①	ウ
	②	イ
	③	ア
	④	イ
3	①	速く　ア
	②	料理を　イ
4	①	整理して　おく
	②	寒く　ない
	③	英語も　数学も
5	①	エ
	②	ウ
	③	ア
	④	イ
6		例この写真は、犬の表情をよく写している。

解説

1 ③主語は「○○が（は）」という形以外に「○○も」などもある。誰《だれ》が「読んだ」のかを捉《とら》える。④修飾語《しゅうしょく》は、直後の文の成分を修飾するとは限らない。ここでは「聞こえる」を修飾している。

2 ②の「バタンと」は連用修飾語、④の「暑い」は連体修飾語。③「こそ」を「が」に置き換えることができる。

3 ①「もっと→速く」と修飾している。「速く（速い）」は用言。②「できたての→料理を」と修飾している。「料理」は体言。

4 ③「数学も英語も」と語順を入れ替《か》えることができる。

5 ①条件を表す接続語（接続部）。④補助の関係で述語（述部）になっている。

6 例の表現の他に、「この写真には、犬の表情がよく写されている。」としてもよい。

最終チェック

文の組み立てを捉《とら》える！

まず述語を探してから、次にそれに対応する主語を探すと、文の組み立てを捉えやすい。

p.34〜p.35 物語の始まり――竹取《たけとり》物語――

1

1 ⓐ つかいけり ⓑ うつくしゅうて
2 ウ
3 (1) さぬきの造 (2) 例 いろいろなことに使っていた。
4 (1) エ (2) 例 根もとが光る竹があること。
5 イ

2

1 あいたたかわん
2 例 八月十五日には迎えが来て、月の都へ帰らなければならないから。
3 例 かぐや姫が月に連れていかれるのを防ぐため。
4 例 昼間よりも明るくなった。
5 ④ エ ⑦ ア
6 例 大空から、(天)人が雲に乗って下りてきて、地面から五尺ほど上の辺りに立ち並んだこと。
7 内外なる人

解説

1 1 ⓑ「イ段」＋「う」は、現代仮名遣《づか》いでは「○ゅう」となる。

2 昔話の冒頭《ぼうとう》の「むかしむかし」に相当する。

3 (2)「よろづのことに使ひけり」の部分を現代語に訳す。

4 (2)「竹が光っていること」という内容があれば正解。

2 2 翁《おきな》が理由を尋《たず》ねたのに対し、それに答えているかぐや姫《ひめ》の言葉に注目する。

3 翁の相談を受けた帝《みかど》がとった対策がこれである。

5 ④この「人」は、「雲に乗りて下り」てきた人だから、月からの使いである。

6 常識ではあり得ないようなことが起きたのである。

最終チェック

現代語と意味の異なる古語
・あやし…不思議だ
・うつくし…かわいらしい
・ゐる…座《すわ》る

p.38〜p.39 故事成語――中国の名言――

1

1 盾
2 ウ
3 ウ
4 例 どんなものでも貫いて穴をあけられない
5 エ
6 イ

2

① 備へ有れば憂ひ無し。
② 虎の威を借る狐。

3

1 イ
2 エ
3 (1) 例 (畑に) 苗を見に行った。 (2) イ
4 ウ

4

① イ ② エ ③ ウ ④ カ ⑤ ア ⑥ オ

解説

1 1 直後の会話文で「わが盾の堅《かた》きこと……」と、盾をほめている。

3 矛をほめていることから考える。

4 「とほさざるなし」は、「貫《つらぬ》いて穴をあけられないものはない」という意味。つまり、どんなものでも貫くという強い肯定《こうてい》を表す。

3 2 あとのほうに「その子」とある。

3 「予《われ》」(＝宋《そう》の国の人)から苗を伸《の》ばしてやったという話を聞いて、苗がだめになってしまったのではと思い、確かめに行ったのである。

4 苗を引っぱって無理やり伸ばそうとした結果、苗を枯《か》らしてしまったのである。

最終チェック

「いはく」に注目！

「言うことには」という意味の「いはく」は、会話文を抜き出す際の注目ワードである。

p.40～p.41　蜘蛛《くも》の糸

1	2	3		4	5	6	7
イ	例 蜘蛛の糸の下の方から、数かぎりもない罪人たちが、自分の後をつけて、よじ上ってくること。	●ア	●オ	エ	自分ばかり～無慈悲な心	もとの地獄〈または〉血の池の底	あさましく

（●は順不同）

解説

1　このときの犍陀多《かんだた》の思いは前の部分に書かれている。血の池も針の山も足の下になったので、「地獄から抜け出すのも、存外わけがないかもしれ」ないと思ったのである。

2　――線②のあとの部分をまとめる。「蜘蛛《くも》の糸の下の方から数かぎりもない罪人が上ってくる」ことが書けていれば正解。

3　直前に「驚《おどろ》いたのと恐ろしいのとで」とある。

4　直前の文に着目する。「肝腎な自分までも」もとの地獄へ落ちては大変と思ったのである。

5・7　最後の一文は、この話の語り手がお釈迦様《しゃかさま》の心を推測しているものである。地獄へ落ちたのは犍陀多の「無慈悲な心」に対する罰《ばつ》だと述べ、地獄へ落ちたことをお釈迦様は「あさましく」感じているのだろうと推測している。

最終チェック

➡芥川龍之介《あくたがわりゅうのすけ》の作品
- 『杜子春《とししゅん》』
- 『羅生門《らしょうもん》』
- 『鼻』
- 『芋粥《いもがゆ》』
- 『蜜柑《みかん》』
- 『トロッコ』　など

p.42～p.43　河童《かっぱ》と蛙《かえる》

1 (1)	1 (2)	2	3	4	5	6
ア	ウ	ⓐ河童　ⓑ皿　ⓒ月	ア	例 沼の底にもぐっていった。	ウ	六

解説

1　⑴第八連に「もうその唄もきこえない。」とあり、「るんるん　るるんぶ……つるんぶ　つるん」がなくなるので、これが河童《かっぱ》の唄だとわかる。⑵唄の文句が明るく楽しげであることから考える。

2　実際に月がすべっているわけではなく、河童の動きによって皿に映った月が動いているように見えるのである。

4　第八連の「もうその唄もきこえない。」「沼の底から泡がいくつかあがってきた。」から、河童が沼の底へともぐっていったことが推測できる。

5　河童が去り、辺りは静まり返ったので、蛙《かえる》の一《ひ》と声だけが聞こえたのである。

最終チェック

➡オノマトペに注目しよう！
- 擬声《ぎせい》語…音や声を表したもの。
「るんるん　るるんぶ／るるんぶ　るるん／つんつん　つるんぶ／つるんぶ　つるん」「じゃぶじゃぶ」「ぐぶう」など
- 擬態語…ものごとの様子を表したもの。
「ぶるるっ」

p.46～p.47 オツベルと象／言葉の小窓2

1						2
1	2	3	4	5	6	① ウ
エ	ア	ウ	イ	●グララアガア、グララアガア ●グワア グワア グワア グワア	ⓐ エ ⓑ イ	② ア ③ イ ④ エ

（●は順不同）

解説

1 **1** この物語は、「俺《おれ》（ある牛飼い）」が聞き手に話すという形態で書かれている。

2 「オツベルを見下ろす」とあることから、オツベルに対する感情であることがわかる。

3 象はオツベルに抵抗《ていこう》することも助けを求めることもせずに、「もう、さようなら、サンタマリア。」と諦《あきら》めている。こんな象の態度に対する月の言葉であることから考えよう。

5 擬声《ぎせい》語とは、声や音などをまねて表した言葉。

6 ⓐ・ⓑはいずれも比喩《ひゆ》表現である。たとえているものの様子から、仲間の象のどんな様子を表しているのかを考えよう。ⓐは「噴火」という言葉で怒《いか》りのすさまじさをたとえている。

2 例えば、漢字の「宇」の「宀」から片仮名の「ウ」が生まれ、「宇」をくずして書いたものから平仮名の「う」が生まれた。

最終チェック

オツベルと象の人物像

・オツベル…ずるがしこくて欲が深く、象をだまして利用する。象の力を非常に恐れており、臆病《おくびょう》でもある。

・象…純真で人を疑うことを知らない。労働に喜びを感じている。気が弱く、ひどい仕打ちを受けても、抵抗《ていこう》しない。

p.48～p.49 子どもの権利／漢字の広場3

1					2	
1	2	3	4	5	①～④	⑤～⑧
（国連が）人権の分野で大きな役割を果たしてきたこと	ア	ⓐ 外見 ⓑ 話す言葉 ⓒ 家庭環境	例 子どもが人権を学ぶことは、平和な社会を築くために必要である。	子どもが人～準備にある	① A ② B ③ A ④ A	⑤ B ⑥ B ⑦ A ⑧ B

解説

1 **1** 筆者は弁護士になる前、国連の仕事がしたいと思っていたが、国連がどのような役割を果たしてきたのかは弁護士になって初めて知ったのである。

2 「子どもの権利条約」は、「国際人権条約の一つ」であるため、**ア**が誤り。

3 ――線①の直前の文の、「そうした」が指している内容を捉える。

4 筆者の考えは――線②のあとに書かれている。筆者は子どもが権利を学ぶことは「平和な社会を築くために必要」だと主張している。

2 重箱読みは「音＋訓」の熟語で、湯桶《ゆとう》読みは「訓＋音」の熟語である。③「役」は、「ヤク」も「エキ」も音読みである。⑦「幅」の音読みは「フク」、訓読みは「はば」。

最終チェック

キーワードを見つけよう！

文章中に何度も出てくる言葉や、「　」（かぎかっこ）をつけて強調されている言葉に注意しよう。

p.50〜p.51 学びのチャレンジ

1	1	イ
	2 (1)	ウ
	2 (2)	例花の形をわかりやすく示すことで、昆虫が蜜をなめる方法を理解しやすくするため。
	3	八
	4	480
2	1	●ア　●エ
	2	ア
	3	例人一倍練習をしようと思った。
3	1	④
	2	例「考えれない」は、他の二つの「ら抜き言葉」より、使うと答えた人の割合が低く、一割程度である。

（●は順不同）

解説

1 **2** 文章中に、オオバスノキの花が「お寺の釣《つ》り鐘《がね》のような花の形」をしていることが説明されている。その形を図に示すことで、説明が一層明確になる。

3 第八段落に、「花によって訪《おとず》れる昆虫に偏《かたよ》りが見られるのは……」とある。

2 **3** 「少しでも長く練習をしようと思った。」「やるだけのことはやろうと思った。」という書き方でも正解。

3 **2** 「『考えれない』のほうが、使っていない人の割合が多い」という書き方でも正解。

最終チェック

グラフや表の特徴《とくちょう》を見つけよう！

グラフや表をよく見ると、他と比べて極端に数値が異なる箇所《かしょ》がある場合がある。そこが、グラフや表の特徴となる部分である。

p.54〜p.55 言葉がつなぐ世界遺産

◇	1	世代を超えた技術の伝承
	2	例見取り図をもとに修復できる技術者がいない場合。
	3	●例現代では、日光ほどの装飾を社寺に施すことはきわめて少ないから。 ●例継承者が減少しているから。 ●例昔ながらの材料が確保しにくいから。
	4	ア
	5	微妙に混ぜ
	6	ⓐ失われる　ⓑ重みのある
	7	ア

（●は順不同）

解説

◇ **1** 二つめの段落であげられている「世代を超《こ》えた技術の伝承」について述べている。

2 直前の「……技術者がいなければ」に注目する。

3 ――線②の前に理由が書かれているので、その内容を三つにまとめる。

4 「口移し」には、「口で言って伝えること」という意味がある。

5 「繊細」とは、きめ細やかな様子を表す。細かい技術を用いての彩色の作業を表した、――線④の前の二文に注目する。

6 次の段落で、手塚《てづか》さんの言葉を聞いた筆者の感想が述べられている。

7 直後の、「それは」以降の内容に注目して、「二人は、こうした長い技術伝承の鎖の一つなのだ」という言葉の意味を捉える。

最終チェック

題名の意味を考えよう！

「言葉がつなぐ世界遺産」とは、修復の技術を直接言葉で伝えたり、見取り図にその技術の詳細を言葉で記録したりして、日光の社寺の技術が受け継《つ》がれてきたことを表している。

地域から世界へ――ものづくりで未来を変える――

◇

1	ⓐ	有松・鳴海絞り
	ⓑ	欧米の各地
2	●	例それまで使っていなかった素材を使用した。
	●	例洋服だけでなくクッションなども作った。
3	ⓐ	素材
	ⓑ	高温と高圧
	ⓒ	立体的な造形
4		イ
5		ア

（●は順不同）

解説

◇

2 ――線②の直後の「その方法として」以下で説明されている内容を、二つに分けて書く。

3 「今までの絞《しぼ》り」と技法を変えることで、「絞り」を生かした「ユニーク」な物が生まれたのである。

4 □の前では「布のしわを伸《の》ばして製品化してい」たと書かれているが、あとでは「絞ったしわをそのまま残して」と逆の内容が書かれている。

5 「海外からも、絞りの研修を志願する多くの人が集まってきた」ことは書かれているが、その人たちに関する村瀬《むらせ》さんの具体的な思いは書かれていない。

最終チェック

➡題名に込められた思いを捉えよう！

教科書には、「ものづくりで未来を変える」ために奮闘《ふんとう》している三人が紹介《しょうかい》されているが、「子どもたち」「後継《こうけい》者」「若い世代」と、いずれも自分たちのあとの世代に将来を託《たく》そうとしていることに注目しよう。

文法の小窓3／漢字の広場4

1		2	3			4	
① 四	④ 四	① 三	① オ	⑤ ア	⑨ エ	① ウ	⑤ エ
② 五	⑤ 四	② 五	② ウ	⑥ ク	⑩ カ	② カ	⑥ ア
③ 五		③ 四	③ ケ	⑦ コ		③ オ	⑦ キ
		④ 四	④ キ	⑧ イ		④ イ	

解説

1 ①「今日」「よく」「晴れ」「いる」の四つ。②「近い」「将来」「その」「種」「滅《ほろ》びる」の五つ。③「それ」「体」「いい」「言わ」「いる」の五つ。④「知人」「この」「話」「聞い」の四つ。⑤「東」「空」「満月」「浮かぶ」の四つ。

2 ①「ばかり」「が」「に」が助詞。②「に」「の」「が」「よ」が助詞。「た」が助動詞。③「を」「の」「で」が助詞。「たい」が助動詞。④「時間がない」の「ない」は形容詞。「行けない」の「ない」は助動詞。

3 ⑧動詞と間違いやすいので注意。名詞を修飾している活用のない語で連体詞。

4 ①「手を拍《う》つ」となる組み立て。②「未」は接頭語。③「問う」と「答える」は反対の意味。④「激しく動く」という組み立て。⑤「価」も「値」も「あたい」という意味をもつ。⑥「国が立てる」という組み立て。⑦「的」は接尾語。

最終チェック

➡連体詞と副詞を覚えよう！

・連体詞も副詞も、活用のない自立語。
・連体詞…体言（名詞）を修飾する。
例大きな・この・いわゆる
・副詞…主に用言（動詞・形容詞・形容動詞）を含む文節を修飾する。
例とても・もちろん・そっと

p.60〜p.61 四季の詩

◇

1	2			3		4	5	6	7
	夏	秋	冬	(1)	(2)				
口語自由詩	海	虫	雪	●イ ●カ	エ	いま　ないておかなければもう駄目だ（というふうにないてる）	ウ	ウ	イ

（●は順不同）

解説

◇

1 口語で書かれており、音数にとらわれない自由な形式の詩である。

2 それぞれ、夏→「海」、秋→「虫」、冬→「雪」という言葉から季節がわかる。

3 (2)夏の詩の二行目の「海の響《ひびき》をなつかしむ」に注目する。海で波の音を聞いていた貝がらのように、「私」にとって波の音はなつかしいものだったのである。

4・5 秋の詩の二・三行目に注目して、なき方を捉える。虫の寿命《じゅみょう》は人間と比べて短い。限られた期間に精一杯ないている虫の姿に、作者は命のはかなさと悲しみを感じているのである。

6 「……を眠らせ、……の屋根に雪ふりつむ」という同じ形の言葉が並んでいる。

7 太郎や次郎が眠る夜に、しんしんと屋根に降り積もる雪の様子を詠《よ》んでいる。

最終チェック

↓作者が何に着目して詩を書いたのか考えよう！

・耳…記憶《きおく》に残る波の音と、貝がらに似た耳の形状。
・虫…虫が必死にないている様子。
・雪…しんしんと雪が降る静かな夜に、二人の子が眠る様子。

p.64〜p.65 少年の日の思い出／言葉の小窓3

1								2	
1	2	3	4		5			6	7	①	②

1										2	
1	2	3	4		5			6	7	①	②
			ⓐ	ⓑ	ⓐ	ⓑ	ⓒ				
ウ	例ヤママユガの四つの大きな不思議な斑点を見たこと。	エ	カ	ウ	欲望	盗み	大それた恥ずべき	例ヤママユガが潰れてしまったこと。	イ	A	B

解説

◇

1 この時点での「僕」には、チョウを盗むという気は全くなかった。

2 「ヤママユガを見たこと」だけでは不十分。

3 直後の一文「その時、さしずめ僕は……」から捉える。

4 状況《じょうきょう》を考える。ⓐは、ヤママユガの斑点を見られるという期待であり、ⓑは自分の盗みが見つかることに対する不安が表れている。

5 「盗みという行為《こうい》」に対する「僕」の思いを捉える。

7 直前にあるように「僕」は盗みを犯してしまったこと以上に、美しいチョウをだいなしにしてしまったことに心を苦しめられているのである。

最終チェック

↓「僕」の心情の変化を読み取ろう！

①エーミールが手に入れたというヤママユガを一目見たい。
②ヤママユガの有名な斑点を見てみたい。
③ヤママユガを自分のものにしたい。
④ヤママユガを手に入れたことへの大きな満足感。
⑤良心に目覚め、自分のしたことに対する恐れと不安。

p.66～p.67 銀のしずく降る降る

1 (1)	1 (2)	2	3 ⓐ	3 ⓑ	4 (1)	4 (2)
心が打ち解けていた	●ア ●オ	例日本人の学者が、遠くからわざわざユーカラを聞きに来たこと。	民族の歴史	文字以前の叙事詩の姿をそのまま伝えている	例幸恵の、生涯をユーカラの研究にささげるという決意。	エ

（●は順不同）

解説

1 (1)「マツは……心が打ち解けていた」とある。「マツ」は幸恵《ゆきえ》の伯母《おば》。(2)一つ目の段落の、「それを見た金田一《きんだいち》は」に続く部分に注目する。「日本語で書かれた作文の文章の美しさに驚いた」「長編叙事詩《じょじし》も暗唱している……目をみはった」とある。

2 ――線②の直前の部分に注目する。幸恵は、幼い頃から親しんできたユーカラが、それほどに価値のあるものだとは思っていなかったのである。

3 ――線③の前で、「ユーカラは、……ほかにない――。」と、金田一がユーカラのすばらしさを説明している。

4 (1)「十五歳《さい》のこの少女の決意」とあるので、幸恵の決意だとわかる。
(2)幸恵は、金田一が語るユーカラのすばらしさを聞いて、ユーカラの研究が一生をかけるべき、意味のあることだと気づいたのである。

最終チェック

伝記の読み方

「伝記」では、その人物の行動や考え方を捉えよう。また、行動や考え方が大きく変わったきっかけは何だったのかを捉えることも大切。「銀のしずく降る降る」で、幸恵《ゆきえ》がユーカラの研究に取り組むようになったのは、金田一《きんだいち》との出会いがきっかけだったのである。

p.68～p.69 蓬莱《ほうらい》の玉の枝と偽《いつわ》りの苦心談――竹取《たけとり》物語――

1 ⓐ	1 ⓑ	2	3	4	5	6 (1)	6 (2)
うるわし	よそおい	ア	エ	さらに登るべきやうなし	世の中になき花の木ども（立てり。） 金、銀、瑠璃色の水（、山より流れいでたり。） 色々の玉の橋（渡せり。） 照り輝く木ども（立てり。）	ア	例自分のうそがばれないようにするため。

解説

2「船より下りて」尋《たず》ねていることから、――線①の主語はくらもちの皇子《みこ》であることがわかる。

3 くらもちの皇子は、「これこそ私が求めている山だろう。」と思っていたが、確信がもてなかったところに、女の人が「蓬莱《ほうらい》の山です。」と教えてくれたので、うれしくなったのである。

4「さらに登るべきやうなし」は、「全く登れそうもない」という意味。登れそうもないほど険しかったのである。

6 (2)くらもちの皇子は、「自分が取ってきたものは見劣《みおと》りするものである」と言うことで、本物と見た目が違っていてもかぐや姫に疑われないようにしたのである。

最終チェック

古文を読むときの注意点

・現代語と似た古語でも、意味が異なる場合がある。
・動作主（主語にあたる言葉）が省略されていることが多い。
・「が」「は」「を」などの助詞が省略されていることが多い。

p.70〜p.71 花の詩画集

[1]				[2]					
1	2	3	4	1	2	3	4	5	6
●イ ●ウ ●エ	ウ	にてるけれど みんな ちがう	ウ	イ	六	●噛み砕きたい ●突きたてたい	ア	ウ	ウ

（●は順不同）

解説

[1] **1** 「麦の穂」「太陽の弓矢」の行が体言止め。「特に高いものもなく」「特に低いものもなく」の部分が対句《ついく》法。麦の穂を「太陽の弓矢」とたとえているのが隠喩。

2 「ぶつからず」という麦の穂の間隔《かんかく》を考えると、**ウ**の「隣《となり》同士寄り添うように」が適切ではない。

4 「にてるけれど／みんなちがう」に表される個性、「太陽の弓矢」に表される力強い生命力に作者は感動している。

[2] **4** 「筆を噛《か》み砕《くだ》きたい」「突きたてたい」に、激しい思いがこめられている。

6 花に接しているときには、一〜五行めまでの激しい感情が消えていることに着目する。

最終チェック

背後にあるものをおさえておこう！

体が不自由で思うようにならない作者の状況《じょうきょう》をおさえておくと、麦の穂の生命力に対する感動や、筆を噛《か》み砕《くだ》きたいほどの激情の理由がより深く理解できる。

p.72 デューク

◇		
1	2	3
ア	茫然として声も出せずにいる	例 死んだデュークが「私」に「愛していた」ということを伝えるため。

解説

◇ **1** 「私」は、少年が今日一日一緒に過ごしたことを「楽しかった」と受け止めている。少年はそれに対して、「今までずっと、だよ。」と言い直していることから考える。

2 ――線②の「あんなに驚《おどろ》いた」に着目する。ひどく驚いた「私」は、あっけにとられて声も出すことができなかったのである。

3 「懐《なつ》かしい、深い目」やキスが似ていたことから、少年がデュークの化身であることを読み取る。「それだけ言いに来たんだ。」という言葉から、「私」への深い愛情を最後に伝えたかったデュークの思いを捉える。

最終チェック

デュークの思いを読み取ろう！


「今まで……楽しかったよ。」

「僕もとても、愛していたよ。」

「それだけ言いに来たんだ。」

⇩

「私」への深い愛情。

ことわざ

□ **あとは野となれ山となれ**　目先のことさえ済んでしまえば、あとはどうなろうと構わないということ。
対義 立つ鳥跡を濁《にご》さず

□ **虻蜂《あぶはち》取らず**　あれもこれもと狙《ねら》って、どれも駄目《だめ》になること。
類義 二兎《と》を追うものは一兎をも得ず
対義 一石二鳥《いっせきにちょう》・一挙両得《いっきょりょうとく》

□ **石橋をたたいて渡《わた》る**　非常に用心深く物事を行うこと。
類義 転ばぬ先の杖《つえ》・念には念を入れよ

□ **医者の不養生《ふようじょう》**　言うことと行うことが一致《いっち》しないこと。
類義 坊主《ぼうず》の不信心・紺屋《こうや》の白袴《しろばかま》

□ **急がば回れ**　危険がありそうな近道よりも、安全な本道を回ったほうが、結局早く目的地に着くということ。
類義 せいては事を仕損じる
対義 先んずれば人を制す

□ **馬の耳に念仏**　いくら意見しても効き目のないこと。
類義 馬耳東風《ばじとうふう》・蛙《かえる》の面《つら》に水

□ **瓜《うり》のつるに茄子《なすび》はならぬ**　平凡《へいぼん》な親から非凡な子は生まれないということ。
類義 蛙《かえる》の子は蛙
対義 鳶《とび》が鷹《たか》を生む

□ **雉子《きじ》も鳴かずば打たれまい**　余計なことを言わなければ、災難にあうこともないということ。
類義 口は禍《わざわい》のもと

□ **猿《さる》も木から落ちる**　その道の名人・達人でもときには失敗するということ。
類義 弘法《こうぼう》にも筆の誤り・河童《かっぱ》の川流れ

□ **好きこそものの上手《じょうず》なれ**　好きであることは、物事が上達するための重要な条件であるということ。
対義 下手《へた》の横好き

□ **月とすっぽん**　非常に違《ちが》いがあること。
類義 ちょうちんにつり鐘《がね》・雲泥《うんでい》の差
対義 大同小異《だいどうしょうい》

□ **ぬかにくぎ**　手ごたえのないこと。
類義 豆腐《とうふ》にかすがい・のれんに腕押《うでお》し

□ **寝耳《ねみみ》に水**　だしぬけでびっくりすること。
類義 足もとから鳥が立つ・藪《やぶ》から棒

□ **猫《ねこ》に小判**　貴重なものの価値がわからないこと。
類義 豚《ぶた》に真珠《しんじゅ》

□ **火のないところに煙《けむり》は立たぬ**　うわさや評判がたつのは、それなりの原因があるということ。
対義 根がなくても花は咲《さ》く

□ **ひょうたんから駒《こま》**　思いがけないところから思いがけないものが出ること。
類義 棚《たな》からぼた餅《もち》

□ **待てば海路《かいろ》の日和《ひより》あり**　じっと待っていれば、やがて好運もやってくるということ。
類義 果報は寝《ね》て待て

□ **三つ子の魂《たましい》百まで**　幼いころ身についたことは一生変わらないということ。
類義 雀百《すずめひゃく》まで踊《おど》り忘れず

□ **柳《やなぎ》に雪折れなし**　柔《じゅう》は剛《ごう》よりかえって事に耐《た》えるということ。
類義 柔よく剛を制す

□ **弱り目にたたり目**　悪いときに、さらに悪いことが重なって起きるということ。
類義 泣き面《つら》に蜂

□ **良薬は口に苦し**　ためになる忠告は、聞きづらいけれど結局は役に立つということ。
類義 忠言耳に逆らう

□ **渡る世間に鬼《おに》はない**　世の中には、そう悪い人間ばかりはいないということ。
対義 人を見たら泥棒《どろぼう》と思え